JN061170

氣
渡邊美樹

コロナの明日へ
～逆境の経営論
全国の社長に50のエール～

はじめに

新型コロナウイルスによって、あきらかに「ひとつの時代」が終わった。3月以降、コロナでとくに打撃を受けている外食産業のトップとして、連日マスコミから取材依頼がきた。

繰り返し質問されたことはこの2つだ。

「これから先、どうなると思いますか」

「こうした逆境の今、何を考えていますか」

本書は、その皆さんがいちばん聞きたいことをテーマとした。

ローマ神話の女神ミネルヴァは、「ひとつの時代」の終わりに、フクロウを飛ばした。それまでの時代がどういう世界であったのか、どうして終わってしまったのか、フクロウの大きな目で見させて総括させた。
そして、その時代はこういう時代だったから、次の時代はこういうふうに備えようとフクロウの目を活かしていた。

このミネルヴァのフクロウを、研究所のシンボルマークにしているのが富士フイルムだ。富士フイルムは、写真フィルム「時代の終わり」に対応し、デジカメや医薬品・化粧品に技術を転用し、見事に「時代の変化」を乗り切った。
一方、ライバル企業だったコダックは、生き残れず倒産した。

この本を手にとる経営者、飲食店オーナーの多くも、今、ギリギリの生き残りをかけた経営をしていると思う。

しかし、それはわたしも同じだ。
わたしは現役の上場企業の経営者だ。政治家や経営コンサルタントではない。自分事として、「時代の変化」を乗り切る覚悟だ。

取材のときに、何度かカメラ越しの記者やディレクターにこう言われた。

「渡邉会長、もう少し深刻な表情をお願いできますか？」

厳しい状況だから、深刻な表情をお願いしますというマスコミの狙いなのだろう。

しかし、表情は嘘をつけない。わたしの表情は「前向き」だ。人によっては、国会議員時代より生き生きしているとさえ言う。


「ひとつの時代」の終わりである今、経営者は変化を求められている。本書を「時代の総括と次の時代への備え」という、ミネルヴァのフクロウのような位置づけにして欲しい。

「コロナの明日へ」


あなたの表情が少しでも前向きになることを切に願って……。

この本は、共に今戦っている、全国の社長へのエールです。

目次

序章

コロナショック ～ワタミ経営トップの決断～

1章

経営者へエール
～危機のとき、経営者がしてはいけない10のこと～

2章 三度の倒産危機から学んだ10のこと

3章 ポストコロナを生き抜く10の経営要件

4章

逆境のとき、渡邉美樹が大事にする10の言葉

5章

日本経済の先行きに10の警鐘

序章

コロナショック
〜ワタミ経営トップの決断〜

いち早く中国本土からの全面撤退を決める

２０２０年2月4日朝10時、わたしはワタミの役員を集めて緊急会議を開催しました。話題は中国からの全面撤退でした。

「しばらく様子を見ましょう」

「業績のいい店舗だけは残しましょう」

日本ではまだダイヤモンド・プリンセス号での感染が報道され始めた時期です。コロナの猛威はまだ実感がなく、様子見というのは当然の見方かもしれません。

しかし、もう少し様子を見たり、半分だけやめたりといったように中間地点に落としどころを探るのはサラリーマン的思考です。

中国で半分の店舗を閉めても、半分を残せば、中国本部は残っています。じつは、本部を維持する経費が一番大きい。半分やめるというのは逃げ場をつくるだけです。わたしには、希望的観測による体のいい次善策のように聞こえます。半分だけ残すというのは、実質的にすべて残すのと同じことなのです。

全面撤退の考えをもっていたわたしに、清水邦晃社長が「会長、撤退する根拠はなんですか？」と聞いてきました。

「最後は勘だよ。長引くという勘」

30分間の会議で、中国直営7店舗の全面撤退を会社として決めました。

1月のカンボジア滞在中に事態が急変

中国本土からの全面撤退は、一部上場企業としてもっとも早い決断だったと思います。今となっては、正しい判断であったことがわかりますが、なぜ、まだコロナが世界中で猛威を振るう前に決断を下せたのでしょうか？

きっかけはその1週間ほど前に遡ります。

わたしが代表理事を務める公益財団法人スクール・エイド・ジャパン（SAJ）は、カンボジアでの学校づくりを進めてきました。その記念すべき20周年、300校目の贈呈式がヘム・サムリン国民議会議長をはじめとするカンボジア政府の要人らの出席のもと、1月24日に盛大に開かれました。わたしはこの式典に出席するためにカンボジアへ飛んだのです。

日本でコロナウイルスはまだ中国国内でのパンデミックのようなとらえ方でしたが、カンボジア国内では緊張が高まっていました。カンボジアに近い、ベトナムとの国境の中国側で新型コロナウイルスの感染者が出ていたからです。

カンボジアではまだ感染者が出ていないにもかかわらず、早くも学校を閉鎖しようという話が出ていました。なぜなら、医療インフラが整っていないからです。ひとたび感染者が出たら、国内で感染爆発が起きるのではないか。カンボジアでは、疫病に対して政府や国民一人ひとりが強い危機感を抱いていました。

カンボジアに滞在中、ワタミの中国担当幹部らとやり取りしながら新型コロナウイルス関連の情報を収集していました。

そして、２０２０年1月25日。カンボジアから日本へ戻る機内で、乗客にマスクが配られました。その３日前の22日に日本からカンボジアへ渡航したときにはなかったことです。

中国の武漢で発生したとされる新型コロナウイルス。対岸の火事だと思っていた脅威が急速に世界を覆い始めていることを肌で感じました。

帰国後の1月30日には、中国の上海を拠点にしている大手飲食メーカーのトップと商談しました。今後の提携について話したのですが、そのとき、上海のリアルな状況を聞けました。

2月３日、ワタミの経営戦略会議。

「今は営業できていません」

「このままいけば、○○人を解雇しないといけません」

「○○カ月しか資金が持ちません」

上海の現地法人の社長から、ワタミの海外担当役員に上がってきた情報が報告されました。

中国本土からの全面撤退を1人で決断

どうすべきか……。

会議を終えて、わたしは自宅で一人考えました。2002年から2003年にかけておもに中国で流行したSARS（サーズ）のときには、香港のワタミが大打撃を受けました。しかし、そのときとは異質のものを感じていたのです。

ウイルスの影響には2つの側面があります。
1つは感染エリアが拡大する物理的な広がり。
もう1つは、社会的な萎縮。

中国現地からの報告を聞いて、ウイルスの広がり以上に、社会活動の縮小を危惧しました。これは重い。

人類は過去にもペストやスペイン風邪といった疫病に苦しめられてきました。しかし、疫病というものが社会に大きな影響を与えることを、わたしははじめて実感したのです。

前述したとおり、2月上旬はまだ日本国内での感染爆発はありません。しかし、中国からの情報では、現地店は営業停止状態になりつつあるとのこと。新型コロナウイルスが広がっていくとなると、中国の非常事態は間違いなく3ヵ月～4ヵ月後まで続くだろうというのがわたしの見通しでした。

それでは、4ヵ月経って仮に終息したら、それ以降に経済は良くなっていくのだろうか？

「そう簡単には戻らないだろう」というのがわたしの答えでした。4月の終わりまでに中国の経済活動が元に戻るなら店舗は閉めないほうがいい。お店を止める期間は3ヵ月間です。そのあいだを耐え忍んで、5月から再オープンして売上を戻す。

しかし、たとえ3ヵ月でウイルスが終息したとしても、その後の経済に大きな爪痕を残すと読んだのです。100％に戻らないなら、閉めたほうが損失は少ない。だから、中途半端に残すのではなく、完全に引き上げるべきだ。

自宅ベッドの脇にはいつもメモを置いています。思いついたアイデアをいつでも書き留めるようにするためです。

その夜、わたしは「全面撤退」と書き記しました。

中国展開を加速させようとした矢先だった

「ワタミは中国進出がうまくいっていなかったから、コロナに乗じて撤退したのではないか？」

プレス発表をすると、そんな見方をする人がいました。事実は真逆です。

コロナショック前夜の２０１９年12月５日、中国の上海でサーモン料理専門店「サーモン伝説和民」という新業態の店舗をオープンさせたばかりでした。

上海では、総合居酒屋よりも、特徴ある居酒屋のニーズが高い。日本では刺身の代表格はマグロですが、上海のお客さまはマグロよりもサーモン好き。それならサーモン専門店をつくろうというわけです。

12月５日にはわたしも上海に飛び、盛大にオープニングレセプションを開きました。さあこれから、という矢先にコロナショックに襲われたのです。

打って出たときにトラブルが起きた場合二通りの考え方があります。

1つは、「ここまで投資をしたのだから、突き進むべきだ」という考え方。
もう1つは、「まだお店を出したばかりだから、速やかに引くべきだ」という考え方。

わたしは今回、後者をとりました。
迷いはありませんでした。

「2つリスクをとらない」というのがわたしの信条だからです。

コロナがいつまで続くかわからないというリスク。
新業態が軌道に乗るかどうかわからないというリスク。

もちろん、業態を成功させるための準備は念入りにしていますが、100%の成功はこの世にありません。
2つリスクをとるわけにはいかない。だからこそ撤退を決断したのです。

攻めるための撤退

わたしの長期的な構想では、中国はド真ん中に入っています。確かに政治的な問題が起きるかもしれません。しかし、14億の人口、米国に匹敵する経済力は、ワタミの事業計画において外せないマーケットです。中国展開は絶対にやります。そのときに考えるべきは、中国とどう向き合うのかです。

未来のワタミから見たときに、今の7店舗にしがみつくよりも、一度引いて、中国や世界の動向を見極めたうえで、最適なタイミングで再チャレンジしたほうが大きな成果が見えるわけです。

多くの人が撤退したらそれで終わりだと思ってしまいます。しかし、わたしは攻めることしか考えていません。撤退は攻める準備なのです。

そもそも、わたしはこれまで守ろうと思ったことは一度たりともありません。つねに攻めです。つねに挑戦者です。

中途半端に中国に残るよりも、一度引いて、再構築したほうが次の挑戦がしやすくなるのです。

企業としての社会的責任

全面撤退を決定したあと、2月中旬ごろから、日本でもコロナウイルスの感染者が徐々に増えてきました。

そして2月27日、わたしが理事長・校長を務める郁文館夢学園の理事会が開かれました。郁文館夢学園は、中学と高校を運営する学校法人です。

理事会でコロナウイルス対策を決めたあと、家に帰る車中で、その決定をすべて覆す発表がありました。安倍晋三首相による全面休校発表の報道です。

「子どもたちが家にいるということは、親御さんたちはどうするのだろう……」

「夏休みでもないのに長期にわたって子どもが家にいて、とくに共働きの家庭は大変なのではないか……」

わたしの頭の中に浮かんだのは、この危惧でした。

その日、自宅に帰ってワタミに何ができるかを考えました。「ワタミの宅食」は、全国約500の営業所から各家庭までのラストワンマイルの配達の力をもっています。しかも、配達先は1日25万世帯。なおかつ毎日違うメニューのチルドのお弁当をつくる力もあります。

「ワタミの宅食」は高齢者食宅配市場でシェアナンバー1［「外食産業マーケティング便覧2011～2019」（株式会社富士経済調べ）］。

それだけの社会インフラをもっているのであれば、今、世の中に貢献できることがあるかもしれない。

翌28日朝、幹部を集めました。

「休校期間中、子どもたちに無料で宅食を提供したい」

現在の提供している宅食に、プラスアルファで増産できるお弁当は1日3万食までであることがわかりました。

「じゃあ3万までいくぞ」

工場や配達する営業所など、すべての調整をしなければいけません。午前中にすべてのやり取りを終えて、午後にプレス発表をしました。

発表翌日から、受付前にもかかわらず、陸前高田と長崎のコールセンター回線がつながらなくなりました。本社に臨時のコールセンターを設置しましたが、これも即パンクしました。


「どうして割引ではなく無料なのですか?」

「赤字になってしまいますよね?」

「企業はボランティアではないので、原価は取るべきじゃないんですか?」

さまざまなご意見をいただきました。あの休校支援は、日本全土が災難に見舞われるなかで、宅食のインフラをもつワタミが社会的責任を果たすための活動です。だから無料が当たり前。お金をとるほうがおかしい。

もちろん、一部上場企業として株主への責任もあります。だから、50万食という上限は手数料を含めてワタミにできるギリギリの線でした。

総コストは約2億4000万円。3月2日から受け付けを開始して、2日間で電話は400万件以上。社には数え切れないほどの「ありがとう」のお手紙をいただきました。

意図せぬ副産物もありました。「ワタミの宅食」は2010年から業界トップを走りながら配達数が減っていたのも実情でした。50万食の無料提供によって、配達先から溢れんばかりの「ありがとう」をいただけました。

社内の空気が一変し、社員のやる気も誇りもすべて上向きになったのです。

「父ちゃんの会社、すげえな！」

「ワタミの宅食」の責任者はお子さんからそう声をかけられたそうです。わたしも宅食の現場スタッフから「『ありがとう』をこんなに言ってもらえるなんて……」と、営業所を回るたびに言われました。

「うちはそのために会社をつくったんだよ」

なんのためにこの会社があるのか。なんのためにこの会社を大きくしてきたのか。なんのためにがんばっているのか。「地球上で一番たくさんの〝ありがとう〟を集めるグループになろう」というワタミの理念をグループ全体で今一度、思い起こすすばらしい機会になったのです。

社外の皆さんからも「すごいですね」と声をかけられました。確かに50万食の無料提供は各方面で報道されて、社会的なインパクトはあったかもしれませんが、一時的な話にすぎません。

カンボジアで20年かけて300の学校を建設してきたことのほうが、わたしにとってはもっと大きな社会貢献です。

何をしても良し悪しは判断されます。わたしは好きなこと、やりたいことをやるだけです。

その後も第2弾の「子育て家族割」、第3弾の「こどもランチ200円!!」という休校支援キャンペーンを実施しました。

しかし、上場企業として採算度外視の活動を続けるわけにはいかないので、分別をつけて、第2弾以降はほとんど利益は出ないものの、お金をいただいて休校支援を継続しています。

なんとしても休業中の社員を守りたい

いよいよ国内でもコロナウイルスの感染者が急増してきた4月、政府が緊急事態宣言を発令しました。

これを受けて、ワタミは国内の外食店舗約４００店をすべて休業にしました。社員を守りたい。

わたしが思ったのは、これだけでした。店を閉めれば、社員の働き場がなくなります。売上もありません。

社員と同時に会社も守らなければならない。そこで、スーパーマーケットを運営する株式会社ロピアと提携して、休業中のワタミ社員を出向させることにしました。

当時、自粛生活によって自宅で食事する機会が増え、スーパーは買い物客で混雑していました。スーパーによってはレジに大行列ができるほどでした。このためロピアでも人手不足に陥っていたのです。

この出向は、休職扱いになっているワタミ社員の働く場所を確保できるとともに、スーパーの人手不足解消にもつながる策でした。

実際に総合スーパー（ＧＭＳ）やコンビニチェーンなど、人手不足の大手企業から人事交流の打診がありました。

そのなかでもロピアを選んだのは、1ヵ月、2ヵ月単位で一緒にやっていこうというスタンスがあったことと、プライベートブランド（PB）商品を見て信頼できる会社だとわかったことが要因でした。

わたしも足を運んで、人生ではじめてセルフレジを体験しました。ロピアは精肉店からスーパーに成長した企業なので、肉のプライベートブランドにはとくに力を入れています。なかでもハンバーグは自宅でも店舗で出されたかのような抜群のおいしさがあります。いいものを安く売ろうという姿勢が伝わってきたので、安心してワタミの社員を出向させられました。

出向は基本的に1ヵ月単位です。休業中のパート・アルバイトらの1〜2週間の短期派遣には対応させにくい。

そこで、多様な人材交流を実現すべく、派遣会社を買収して「ワタミエージェント」を設立しました。社員のために、人材派遣業を始めたのです。

ワタミモデルとは「6次産業モデル＋循環型＋自然エネルギー」。ワタミの飲食店の社員は、農業や自然エネルギーといった他事業に触れる機会がなかなかありません。せいぜい年1回の研修で学ぶくらいです。

今回の危機をチャンスに、グループ内の農業やエネルギー会社、リサイクルセンターに人材派遣して、ワタミモデルを実体験してもらおうと思っています。いわばインターンシップです。

コロナショックは確かに売上ダウンにつながりました。しかし、今のマイナスをワタミモデル創造という未来へのプラスへとつなげることはできます。

外食産業が休業になったからといって、手をこまねいているわけにはいきません。

1章

経営者へエール
～危機のとき、経営者がしてはいけない10のこと～

エール1

国や不況のせいにはしない

1984（昭和59）年、「つぼ八」のフランチャイズ（FC）オーナーとして、わたしの経営者人生が始まりました。

あのころはバブル景気前夜。世の中が浮足立っていました。ところが1990年代初頭にバブルが崩壊すると、一転して不景気に突入しました。「失われた10年」といわれるほど不況が長引いたのです。

2008年には「リーマンショック」が起きました。このときは「100年に一度の不況」といわれたほど世界の景気が低迷しました。

2011年には東日本大震災が起きました。

ワタミはこうした強い逆風に何度もさらされてきましたが、わたしは一度たりとも国や不況のせいにしたことはありません。

「コロナさえなければ」と、こぼしていませんか？

起きてしまったことに対して、振り返っても仕方がありません。「起きなければよかった」と思ったところで、時間は戻りません。新型コロナウイルスは発生してしまいました。世界中を覆いつくしてしまいました。

経営者がしなければならないことは、今の社会経済状況や目の前で起きたことを、いかに前提として捉えて、経営を大胆に切り替えることです。

国に対して「もっと補助金が欲しい」「家賃を補助してほしい」と声を上げる経営者がいます。わたしはこれにも反対です。

なぜなら、自らリスクをとるのが経営だからです。経営者になった時点でリスクがあることをわかったうえでリターンをとりにいっているわけです。危機のとき国に頼るばかりで、好業績のときに税金を余分に納める経営者はいません。

国が補助してくれるというなら、それはほんとうにありがたいことなのです。社会状況がどう変化するかは誰にも読めません。何が起こるかわからないけれど、リスクをとって経営者になっているのですから。

本来自分がとらなければならないリスクを、国が肩代わりしてくれる状況に、「国がやるべきことをやらない」「もっと国がやってくれ」と言うのは、お門違いです。

不況やコロナのせいにしない。

国に頼らない。

これが経営者のあるべきスタンスです。一度補助金に頼ると、100万円が200万円に、200万円が300万円に増えていきます。何かに頼ることで経営者の気構えがどんどん弱くなってしまうのです。

補助なんてゼロでいいと覚悟したら、ゼロはゼロ。どこまでいってもゼロです。「助けてください」と言ったことはありませんし、これからも言いません。

だからといって、自粛要請にともなう休業に対する補償は話が別です。国があいまいな要請をしているのはおかしい。「この分は補償するから休業してくれ」というのが筋です。

もしテナントビルのオーナーから「外装工事をするから営業してもいいけれど、できればやめてください。工事中、ペンキが落ちるかもしれませんよ」と言われたら、「営業停止にするので、家賃は免除してください」となるでしょう。国というテナントビルの中でお店を開いている経営者が「休めと言うからには、政府が補償してくださいね」と思うのは当然です。

「不要不急」という言葉も納得できません。飲食業は不急かもしれませんが不要ではありません。「不要ではないが、どうしても今日外食しなくてもいいでしょう」と言うべきです。

ただ、そういう政治にしているのも有権者である自分たちの責任ですから、前提として、すべてを受け入れるべきです。

起きたことは仕方がない。一切の言い訳はしない。

ワタミのフランチャイズオーナーの中には、今回4億円の借金を背負った人物がいます。彼はまだ42歳ですが、一切人のせいにしていません。

エール2 気持ちで負けてはいけない

わたしの父はCM制作会社を経営していました。ところがCMのカラー化に後れを取り、会社を清算せざるをえなくなりました。わたしが小学校5年生のときのことです。

このときから、わたしは社長になると心に決めました。古今東西のさまざまな経営者の本を読んで、自分自身でも約30年にわたって経営者として歩んできました。つくづく思うのは「経営とは格闘技」ということです。

ダイエーの創業者、中内功氏は「経営は闘犬と同じだ」と言ったそうです。相手の喉元に食らい付いたら、息の根を止めるまで噛みつづける。そういう気概がなくなったら、経営なんかやめたほうがいいという話です。わたしもまったく同感です。

ネットフリックスの「梨泰院（イテオン）クラス」という韓国ドラマがあります。1人の若者が居酒屋を開き、大手外食企業に戦いを挑む物語です。どんなに大きな企業相手でも、外食は1対1の戦いなのです。目の前の店との戦い。同じビルの店との戦い。守りに入ったら終わりです。

メーカーならライバル企業の商品との戦いになるかもしれませんが、外食産業の場合、お客さまにとって運営会社の規模の大小は関係ありません。あくまでもお店対お店の戦い。「あの店長が気に入ったから」「お前に会いに来た」という人間対人間の戦いです。

わたしが外食産業を選んだのは、小が大に勝てる産業だからです。ワタミは大になったかもしれません。しかし、わたしが1対1の勝負に負けるようならば、いつでも小に叩き潰されるわけです。守るつもりはサラサラありません。今でも攻めです。

小学校4年生のときに6年生と喧嘩をしたことがありました。6年生と向き合ったとき、怖いとは感じませんでした。ところが、喧嘩が終わろうとしたとき、ふと怖いと思ったのです。すると、それまで対等に感じていた相手がいきなり大きく見えました。あれは、今でも覚えています。どの公園だったかまで記憶しています。

肚の下から力が抜けた瞬間、自分がもっている力は何分の1にも減るのです。「コロナで一体どうなるんだろう」「もうダメだ」と思ったら、もう終わりです。

危機のときではなくても、経営していればいろんな困難があります。たとえば、頼りにしていた部下が辞めると言い出したとき、事業計画が思いどおりにいかないとき、そんなときこそ、「肚の下に力を入れよう」と思います。

緊急事態宣言が出たとき、苦境に立たされたワタミのFCオーナー約100人に何かを贈ろうと考えました。気があるから乗り越えていける。気がなかったらどんな状況でも負ける。コロナに勝つのは気しかない。

「氣」

この漢字を色紙にしたため贈ることにしました。

気ではなく、旧字の「氣」です。気の中のメは、エネルギーをメる、押さえ込むを意味する一方で、氣の中の「米」は気構えが八方へと広がることを表すそうです。それで「氣」を選びました。

「氣」とセットになるのが言葉です。言葉も大事。言霊（ことだま）と言われるように、言葉は自分に返ってきます。

わたしは否定的な言葉や消極的な言葉は絶対に使いません。知らないうちに自分の中に返ってきて、気持ちを押し潰してしまうからです。言葉は怖いものです。

経営者の言葉は社員にも影響を与えます。だからわたしは社員に向ける言葉にも気をつけています。

弱気な言葉は言いません。会社でも家庭でも穴を掘ってでも言いません。社長は絶対に弱音を吐いてはいけません。

緊急事態宣言が出されたときに、「ワタミは大丈夫ですか?」と散々聞かれました。

わたしは「仮に日本中の会社がコロナで潰れても、うちが最後だ」とそう繰り返していました。

肚の下に力を入れることと、弱気な言葉は言わないこと。この2つと、気合と根性で乗り切るのとは違います。

「うちの会社は大丈夫だ！　がんばれ！」と号令だけかけていては、社員たちはついてきません。何をがんばるのか。結果はどうなるのか。数字の裏づけがないガンバリズムは危険です。

会社の中で、もっとも未来が見えるのはトップです。弱気になることなく、トップが見るいい未来をみんなに見せてあげるべきなのです。

エール3
守りをおろそかにしない

「強気でいられないから困ってるんだ……」

そんな経営者もいることでしょう。

会社が潰れるか潰れないかの分かれ目は何か？　経営面から見ると4つの原理原則があります。

1．現預金をたくさん持っている。
2．金融機関との関係が良好。
3．営業キャッシュフローが多い。
4．自己資本が厚い。

この4つが揃っている会社は潰れません。飲食店の場合、いくら自己資本が厚くても、お店の売上が急減して赤字が続けば自己資本を取り崩さざるをえません。今回のコロナショックは、自己資本をどんどん傷める危機です。

この時期こそ守りを固めることが大切です。そのためには、一も二もなく「現金を厚くする」ことです。

ワタミもコロナショックで営業利益が9割超減っていますが（2020年3月期）、手元に現金があるかぎりつぶれません。

平時なら損益計算書（PL）を考えた経営でかまいませんが、危機のときにはキャッシュ経営に頭を切り替えなければいけません。

キャッシュを厚くするというと、どんな手段があるのでしょう？

まず、銀行からの借り入れです。また、公的な融資制度を利用すればキャッシュが手に入ります。それ以外でも、仕入先に支払いサイトを1ヵ月遅くしてもらう。売掛金があれば、できるだけ早く回収する。これだけでもキャッシュが貯まります。

危機に際しては、キャッシュが貯まるありとあらゆる手段を考えて、実行していくのです。

そのときに大事なことが2つあります。

1つは、平時になったときには借り入れた分を営業キャッシュフローで稼げるビジネスモデルを明示することです。

もう1つは、ビジネスモデルを善意に解釈してくれる金融機関との良好な関係です。

コロナショックでは、金融機関とのかかわり方が生死を分けます。これはわたしの反省ですが、ワタミはずっと無借金経営でした。お金を借りていなかったので、銀行との関係が疎遠になっていたのです。

ワタミがかつて大きな危機を迎えたとき、メインバンクもその他の銀行もワタミに対しての対応は好意的なものではありませんでした。なぜなら、それまで銀行からの融資を必要としてこなかったからです。銀行も商売です。融資できない相手は後回しになります。

そういう状態にしてはいけません。資金が足りていてもお金を借りておくか、お金を置いておくか、お金を借りなくても決算報告をするなど、良好な関係を築いておくことです。

それではお金はどれくらい借りたらいいのでしょうか？　平時においては自分の会社のビジネスモデルに応じた借り入れの基準を決めておくべきです。これは業種によって異なるでしょう。わたしは「売上の3分の1までしか借りない」「営業利益の5年分までしか借りない」という基準をもっています。

ただ、コロナショックの今は、借りられるだけ借りたほうがいいでしょう。先が見えない危機だからです。銀行からも借りやすいのです。中小企業を支援する公的な融資制度も充実しています。この先、銀行が貸しやすい状況が続くとは限りません。使い道がなければ利子だけ払って、とにかく手元に現金を残しておく。危機のときはできるだけ早く、借りられるだけ借りておくべきです。

銀行が「あなたの会社には2000万円の融資枠があるから、いつでも言ってきてくれ」と口頭で伝えてくることがあります。大手企業が銀行と結ぶコミットメントライン（融資枠）は契約ですが、中小企業の場合の口約束は信じないほうがいいでしょう。次章で述べますが、わたしもこれを経験しています。

危機のときこそ、守りをおろそかにしてはいけません。もし融資枠があるのなら、「今すぐ貸してくれ」と言ったほうがいい。そして、危機が落ち着いたときに返せるものはすべて返します。

銀行との付き合い方は誠実、それ以外にありません。

エール4 攻めることを忘れない

まずは守りをしっかりと固めつつ、攻めることも忘れてはいけません。

新型コロナウイルスの感染拡大が始まった2020年3月、専門紙を読んでいたときに、高級食材が余っているという情報が目に留まりました。

3月は転勤や卒業などに伴う送別会シーズンです。本来、居酒屋にとってはかき入れどき。ところがコロナショックによって、宴会需要が激減し、マグロやカニ、イクラといった高級食材が余ってしまっているというのです。

翌朝、幹部を呼んで「取引先の状況をすぐに調べなさい」と指示しました。すると、やはり食材が余っていました。

マグロは居酒屋の象徴的な商品です。日本人の多くが好んで食べる高級食材です。通常価格780円の中トロを100円で提供することに決めました。

マグロのあとは、カキ、サーモンと100円キャンペーンは続きました。幹部たちは200円やら300円やら言うものの、お客さまが「おっ！」と驚かれる値段でなければ意味がない。

100円だからインパクトがあるのです。

「さすがにアワビだけは150円でいいですか？」と聞いてきたので、品を見てOKを出しました。つねにお客さま目線です。

コロナショックで客足が激減するなかで、100円キャンペーンは現場として大きな武器を手に入れたようなものです。お客さまに喜んでいただけただけでなく、スタッフにも喜んでもらえたのです。生産者側には「ワタミはいいものなら積極的に仕入れる」というメッセージになりました。

客足自体が途絶えてしまっているのですから、マグロで赤字になっても、お客さまの数が増えればトータルの収支はプラスに働きます。損得で考えても得。お客さまも喜ぶ。余った食材をワタミが大量に仕入れるから、生産者も喜ぶ。やらない手はありません。

危機のときは、守りを固めつつ、攻められるものを見つけて、同時に攻め手を打つのです。

さらにワタミはコロナ後を見据えて「から揚げの天才」を２０２０年度中に１００店舗出店します。Ａ４ランク以上の国産和牛が３９８０円で食べ放題の「かみむら牧場」の1号店を２０２０年6月にオープンさせ、世界へと広げていきます。

どんなに危機的な状況であっても、「お客さまに喜んでいただけるものは何か」をつねに考えて、攻められるものをとことん探すべきです。

エール5

1つのカゴに卵を盛ってはいけない

攻めることには当然リスクもあります。ですから、1つのカゴに卵を盛ってはいけません。カゴを落としたら卵がすべて割れてしまいます。

新型コロナウイルスの第一波が落ち着き始めて、2020年5月25日に政府は緊急事態宣言を解除しました。

しかし、いつ緊急事態宣言が再発令されるのかは予断を許さない状況です。第二波によってふたたび営業自粛に追い込まれることを想定しておくべきでしょう。

コロナショックは、私たちのライフスタイルを大きく変化させました。それに対応したビジネスモデルを構築しなければならないのです。

飲食でいえば、テイクアウトやデリバリーはこれからますます増えていきます。

「夜の営業がダメなら昼に営業しよう、それでもダメなら朝売ろう。あるいはテイクアウトの弁当を売ろう」というのは誰でも思いつきます。第一波のときも、こうしたことを始めた飲食店が数多く見られました。

ただし、テイクアウトを始めればなんとかなるかといえば、どうにもなりません。飲食店とは、お客さまにその空間で食事を楽しんでいただくというビジネスモデルです。テイクアウトで売上の1～2割は変わるかもしれませんが、テイクアウトをすれば立ち直る、ランチを始めれば売上が戻るという夢みたいな話はありません。

これからは、小さな会社でも長期的な視点で複数のビジネスを手がけるべきです。複数のカゴに分けて卵を盛っておけば、たとえ1つのカゴを落としてもほかのカゴに入った卵は残ります。

ワタミの場合、外食に加えて宅食事業も手がけています。農業やエネルギー事業へとフィールドが広がっています。居酒屋だけを運営していたら、屋台骨がぐらついていたかもしれません。

ただし、本業とはまったく関係ないことを始めるのは無意味。たとえば飲食店でマスクを売るというのは素人の思いつきです。ビジネスは、上っ面だけでは成功しません。

ワタミのベトナムの提携先には、ブラジャーをつくっている会社があります。その会社はブラジャーづくりの技術を応用して、布製のマスクを生産し始めました。安価で非常に質の高いマスクです。大変な評判になっていると言います。自社の強みを生かして新しいカゴをつくった好例です。

経営者なら、いろんな人から「これを売らないか?」という話をもちかけられるかもしれません。それで確実に儲かるのは、マージンを受け取る話を持ちかけてきた人物です。もし、その商売に興味があるなら、自分で市場も商品も調べて仕入先を探し出して、直接取引することを考えるべきです。

エール6

すぐに青空が見えるとは思わない

今回のコロナショックが何十年も続くかといえば、続かないでしょう。世界の歴史を振り返っても、疫病はいずれ終息します。

ただ、今回のコロナショックが厄介なのは、経済的な後遺症が強いことです。私見では経済的なダメージが全治するまでに2年、下手をすると2年半はかかると想定しています。

感染者数ばかりが注目されていますが、あと半年で毎日の感染者数がゼロになったとしても、日本経済に青空が見えるとは思わないほうがいい。

わたしが恐れているのは、コロナの後遺症に経済が2年半苦しむさなか、日本の財政破綻が訪れる危険性です。

政府は当初予算102・7兆円、第一次補正予算25・7兆円に第二次補正予算31・9兆円を合わせて合計160兆円を超える令和2年度補正予算を成立させました。ただでさえ国と地方の長期債務残高は1100兆円を超えています。しかも増え続けています。コロナ対策で日本の財政破綻の危機がさらに高まりました。

コロナの第二波どころではない、もっと大きな財政破綻という波にも備えなければならないのです。

コロナショックだけでなく、日本の財政破綻も視野に入れて、これから何で攻めるのかをしっかりと組み立てるべきです。

エール7 一度引くことをいとわない

そうはいっても、2年半後まではもたないと思う経営者もいるでしょう。もし、未来を描けないなら、いったん引くことも考えたほうがいい。

ワタミが中国本土から全面撤退したのは、次の準備のためでした。まわりの人たちは「中国から手を引く」と受け止めたようですが、逆です。次の中国展開のためにいったん撤退したのは前述したとおりです。

つまり「攻めのための撤退」です。平常の状態に戻るまでに2年半かかると想定したときに会社がもたないと思ったら撤退して再起を図るのも一計です。2年半耐えられると思ったなら、現金を貯めて攻める準備をするのです。

川を前にしたとき、対岸まで自分が跳べるか跳べないか、距離を測らなくてもなんとなくわかりませんか？　自分の身体能力のことは、嫌でも経験的にも本能的にもわかっているものです。

人間のそうした肌感覚は経営の場面でも大切です。「この状況で経営を続けるのは厳しいかもしれない」と不安に思ったら、無理に続けようとしないほうがいい。確実に「行けるぞ」と思えるときのみ跳ぶべきです。そのときは迷わず跳んでください。

今、経営者の多くがこれまでにないくらいのお金を借りています。2年半後にコロナショックから回復して、そこから3年というのがわたしの考える返済の目安です。今から3年で返すのはとてもではありませんがハードルが高い。なぜなら、飲食業なら売上が3割減くらいの状態が続くと考えられるからです。

30年以上前、わたしが起業したときは、自己破産したら死と同じ。一生立ち上がれませんでした。今は、自己破産しても立ち上がれます。友人の北村晴男弁護士は「おそらくコロナ倒産は社会から容認される。コロナで自己破産したと言えば、もう1回がんばれと応援してもらえる」と話していました。とりわけ飲食店の場合は経営手腕ではなく、不可抗力だったと世間からは見られるでしょう。

コロナの爪痕が2年半続くと想定しても会社の体力はもつのか。その後、3年で借入を完済できるのか。そのあいだに財政破綻が起こったらどうするのか。自分なりに経営のデッドラインを決めることです。

エール8 最悪のシナリオづくりを恐れない

コロナショックの借金を引きずる経営者がたくさん出てくるでしょう。今回、お金を目一杯借りた経営者は、第二波がきたときに同じような融資を受けられるとは限りません。

だからこそ、コロナの後遺症は大きい。国のバラまきを含めて、副作用がないわけがありません。日本の財政破綻を含めて、最悪のシナリオづくりを恐れずにおこないましょう。

最悪を想定して、最善を尽くしていくこと。これができない経営者が意外と多い。本能的に最悪の事態をなるべく考えないようにして、現実から目を背けるわけです。「そうはいったって、もうちょっとうまくいくんじゃないだろうか」と希望的観測を抱きます。

ワタミが中国本土から全面撤退したのも、最悪の事態を想定しての決断でした。幹部たちは全員「もう少し様子を見よう」と考えていました。

勇気をもって最悪の想定を描いてもらいたいのです。そして、最悪の状況になったときのために、今、何ができるのか。最悪の状況にならないためには、今、何ができるのか。二重三重に考えていくことが必要です。

最悪のシナリオは、経営者が1人で考えるべきだと思います。役員と合議で考えるようなものではありません。なぜなら、もっとも危機感を抱いている者が、もっともアンテナが高いからです。

ボトムアップ経営と言いますが、危機のときには絶対にトップダウンが必要です。船が沈みかかっているのに、「どうしたらいいか？」なんて悠長に会議を開いていたら乗り切れません。

部下からの情報は集めますが、決めるときに多数決はしません。危機のときにはトップダウンの経営しかないと思います。

ただ、経営者が考えた最悪のシナリオは社員と共有すべきです。ワタミでは、コロナで新しい生活様式が浸透していくことを想定して、外食は売上が7割になるというシナリオを示し、対策を練らせています。

お客さまが3割減っても黒字にできる仕組みをどうつくるのか？　たとえば「本部コストを○％減らしなさい」「FLR（Food：材料費、Labor：人件費、Rent：家賃）比率を見直しなさい」「目玉メニューを変えなさい」といった対策の枠組みは示します。危機のとき、不安だけを共有させるようなことはしません。本部に無駄な仕事はないか、メニューはどうするか、こうしたことを詰めるのは担当者の仕事です。

経営者が最悪を想定しないがために生まれる副作用もあります。悪いニュースが経営者の耳に入らなくなるのです。

最悪の想定を嫌がる経営者に対して、部下はどうするでしょうか。悪い報告をしたら、機嫌を損ねるとわかっているので、耳に心地いいことしか報告しなくなります。バッドニュースほど経営者にとってはいい情報です。客足が急速に遠のいているという報告が早く上がってくればくるほど、傷口が広がる前に手を打ちやすい。

悪い報告が入ってこないかぎり、その瞬間瞬間で最善の手は打てません。最悪の想定を堂々と受け入れる経営者のところに、会社にとってほんとうにいい情報が集まってきます。

それでは逆に、危機のときに会社の状況をありのまま社員に伝えるべきか？　どこまで話すかは経営スタイルによって異なるでしょうが、わたしは過去に倒産の危機を迎えたときでも1円まで社員に報告していました。

社員の立場からすれば、取引先から「あなたの会社から支払いサイトを遅らせてくれと連絡が入った。そろそろ危ないよ」と言われたほうがよほど不安が大きくなります。先に事実を伝えておいたほうがいいというのがわたしの判断でした。

今のワタミは株式上場しているので財務情報は公開されています。どこまで、どれだけの情報を示すかは難しい問題ですが、情報が間違った形で外部に漏れたり、ひとり歩きすることで会社の信用を落とすリスクを考慮しつつ、大前提として社員に対して誠実であるべきです。

エール9

してはいけない3つのこと

最悪のシナリオを想定したときに、最後の最後、どんなに苦しくても経営者がしてはいけない3つのことがあります。

1. 高利貸に手を出さない。
2. 融通手形を出さない。
3. 親類や友人に連帯保証を頼まない。

ワタミを創業したときに、わたしはノンバンクに手を付けなければならなくなったら会社を清算しようと思っていました。当時のノンバンクの利息は40%～50%で、ひとたび融資を受けてしまえば、借金が雪だるま式に増えることは目に見えていました。銀行の利息ですら10%近かったのです。

今のノンバンクはそこまで利息が高くはないので、当時と判断基準が異なるとは思いますが、現在も10%以上の高利のお金は借りないと決めるといいと思います。

また、飲食店は現金商売なので、そもそも手形を切る必要はありません。ところが、手形を切ってしまうと、債権者によってはひとり歩きしてしまいます。誰の手に渡るともわからない。悪用されたり、反社会的な活動の資金になる危険性もあります。

大事な人を連帯保証人にしないというのは言わずもがなです。経営者が営んでいるものは事業です。最悪失敗したとしても、生命保険に加入して経営者自身の命を担保に差し出したり、大事な人の人生まで奪われたりするような真似はしなくていい。

コロナ禍での自己破産は再出発の手続きです。してはいけない3つのことを守れば、再出発のチャンスはあります。

北村弁護士によると、どうしても行き詰まって自己破産するとしても、手元に150万円は残しておくようにと言っていました。

150万円というのは、法人と代表者の破産手続きのための弁護士費用。150万円あれば、たいていの弁護士は破産手続きを引き受けてくれるそうです。

高利貸から借りたり、融通手形を切ったり、家族や親類を連帯保証人にしていると、そうした手続きを取ることすら、難しくなるかもしれません。

現金が150万円を切るまでになったら撤退するとデッドラインを引いておいてもいいでしょう。

また、これは持論ですが、残念ながら会社を潰すことになったら、小さな取引先から順番に債務を返してください。小さい会社ほど債権を回収できなかったときのダメージが大きい。連鎖倒産を起こしかねません。

夜逃げは絶対にいけません。今は破産しても次のチャンスを与えられる世の中です。人生が終わるわけでもなんでもない。とりわけコロナ倒産であれば世間の目も違った見方になっています。

最悪、店を閉じることになっても、勤め直して皿洗いから貯金しつつ、コロナの余波が終息した時期にまた自分の店を構えればいいのです。

ワタミのFCオーナーにもそうしたケースはあります。元社員だったFCオーナーが閉店を決断し、ワタミへの債務は会社員として働きながら返すと言うのです。

「コロナでお店は続けられません。サラリーマンとして働きながら700万円はお返しします。それでもう1回、挑戦させてください」

「わかった。普通はね、独立して辞めた人間を社員にはしない。でも、その心意気があるんだったら、ほかの飲食店で働きながら借金を返す必要はない。もう一度うちでがんばりなさい」

彼はワタミへの再入社を決めました。

エール10 小さな善を優先しない

コロナショックで苦渋の決断をしなければならない経営者もたくさんいるでしょう。アルバイトやパートのスタッフに出勤を控えてもらわなければいけないとか、従業員を解雇しなければならないとか、複数の店を閉めざるをえないという事態です。

このようなときに何を判断軸とすればよいのでしょうか？

平時の場合を考えてみましょう。売上予測に対してアルバイトスタッフのシフト数を調整できない経営者は、店の生産性を低下させて結果として赤字になり、最終的にはお店を潰すことになります。

つまり、目の前のスタッフの希望を通してあげたいという「小さな善」が、その子の職場を失わせてしまうのです。


わたしは、創業メンバーを役員から課長に降格させたことがあります。最近も執行役員を外しました。

確かに、昔から働いてくれている人間を大切にしたい。ましてや、その人の生活に思いを馳せると、かわいそうだとは思います。しかし、それを善としてしまうと、すべてが狂います。結果として、会社全体がおかしくなります。すると、何千人の社員に悪影響を及ぼしてしまうのです。


経営者は「小さな善」と「大きな善」の分別をつけるべきです。

「大きな善」とは、会社全体の善です。会社を守るための手を打つと、そのパートさんの仕事が3割減るかもしれません。それでも、会社を守ることによって働き場所を守り続けるべきです。

そのとき、経営者は「あなたの仕事が3割減ります」と言わなければなりません。みんなのことを守るために、会社を守るために、時には耐えてもらうのが大きな善です。


わたしの場合、大きな善は「ありがとうの数」だと思っています。「ありがとう」をより多くいただける選択が大きな善だと考えて判断しています。


迷ったときには大きな善を選んでください。大きな善を優先しているのだと自分に言い聞かせて、誇りをもって決断してほしい。

ただし、きちんと説明すべきです。もし、解雇をしなければならないのであれば、次の職場まで紹介してあげるべきです。そうすれば、思いは伝わります。

そこは理と情です。

理屈でしっかりと伝えるとともに、その人に対する想いも伝えるべきです。そのときにいい人と思われたいということは脇に置いておきましょう。

いい人だというのは、10年後に言われればいい。今、目の前の人にたとえ嫌われても、大きな愛で厳しいことを言えるのが経営者です。

エール1
国や不況のせいにはしない
コロナ禍で起きたことを前提として捉えて、経営を大胆に切り替える。

エール2
気持ちで負けてはいけない
外食は1対1の戦い。相手の喉元に食らいついて離さない気概をもつ。

エール3
守りをおろそかにしない
一も二もなく「現金を厚くする」。

エール4
攻めることを忘れない
危機であろうと、攻められるものを見つけて、攻め手を打つ。

エール5
1つのカゴに卵を盛ってはいけない
自社の強みを生かし、長期的な視点で複数のビジネスを手がける。

エール6
すぐに青空が見えるとは思わない
コロナの後遺症は2年半続く。そのあいだ日本の財政破綻も視野に入れる。

エール7
一度引くことをいとわない
2年半後の3年で借入を完済できるか。経営のデッドラインも考えておく。

エール8
最悪のシナリオづくりを恐れない
お客さまが3割減っても黒字にできる仕組みをつくり、社員に共有する。

エール9

してはいけない3つのこと

1. 高利貸に手を出さない。2. 融通手形を出さない。3. 親類や友人に連帯保証を頼まない。

エール10

小さな善を優先しない

会社全体の善のために、時には誇りをもって厳しい決断もする。

2章

三度の倒産危機から学んだ10のこと

エール11

お客さまの笑顔に確信を

27歳だったころのわたしは、何もかもがうまくいっていました。少なくとも、自分ではそう思っていました。

当時、わたしは「つぼ八」のFCオーナーとして1号店の高円寺店と2号店の大和店を経営し、独自ブランドのお好み焼き屋も立ち上げていました。

ワタミが運営する「つぼ八」2店舗は全国400店の中でも断トツの業績でした。しかも、わたしが経営していたのは、潰れた直営店を譲り受けたものばかり。直営時代は500万〜750万円の月商だった店を、1500万円まで伸ばしたのです。

佐川急便時代の給料は43万円でしたが、アッという間に月500万円のキャッシュを手元に残せるようになり、儲かって仕方がない。お客さまが行列になっている状況でした。

「つぼ八」創業者の石井誠二さんからも「お前の経営をみんなに共有してほしい。『つぼ八』全体の繁栄につながるはずだ」と、要請されて北海道から九州まで各地のFCオーナー会で講演までしていました。

あのとき、新幹線のグリーン車にはじめて乗りました。現地に着いたら「先生、先生」と持ち上げられ、講演後には懇親会です。日本各地の高級クラブや高級料亭で最高の接待を受けるわけです。20代の若造が舞い上がらないはずがありません。

ある日、母校である明治大学の先輩から電話がありました。

「とてもいい物件があるから、店をやりませんか？」

足を運ぶと横浜市内の上大岡の一等地の物件。ちょうど次の物件を探していたタイミングだったわたしはすぐに飛びつきました。

ところが、ビルのオーナーがほかの「つぼ八」FCオーナーにも話をしていて、同じタイミングで本部に申し込んでいたのです。

「つぼ八」本部のルールでは、オーナー同士が一緒に手をつけた場合には両方とも手を引くことになっていました。それで「つぼ八」としては出店できなくなったのです。

「先輩、話が違うじゃないですか？」
「オーナーがほかに話を持ち掛けているなんて知らなかったんだ。『つぼ八』以外の店なら出せるんだろ？　俺の顔を立ててくれよ」

あまりにも経営がうまくいっていたため満更でもありませんでした。「つぼ八」の看板なしで勝負できる店を模索していた矢先、取引相手のサントリーの営業マンから「白札屋」というサントリーの開発した洋風居酒屋が繁盛していると耳にしました。早速、銀座・赤坂の店舗に連れて行ってもらうと、大正ロマン風に統一された内装は格好良くて、商品も手作りで、値段もそこまで高級でもなく、お客さまでいっぱいのすばらしいお店でした。

なおかつボランタリー・チェーンだからロイヤリティはゼロ。サントリーのビールやウイスキーさえ使えば看板を出せたのです。

わたしは上大岡で「白札屋」を開けないか、サントリーに話を持ち掛けました。すると、当時のサントリーの業態開発本部の課長から「これは受けられません。立地が悪すぎます」と待ったをかけられました。

「どこが悪いのですか？　上大岡は、横浜駅西口、関内に次いで横浜で3番目の好立地です。しかも上大岡でも一等地です」

「いや、客層が合わないですよ。『白札屋』は銀座や赤坂だから成功したのです」

「上大岡は都内のベッドタウンですから、ここの人たちの多くは銀座や赤坂で働いているのです。客層は一緒です。絶対にいけます」

「本来なら許可できません。しかし、あなたの責任でやるなら、もう何も言いません」

あのころのわたしは、人の話を聞く耳なんてもたず、上大岡に「白札屋」をオープンさせたのです。


お店は初日から大行列。わたしはフロントに立って、お店全体を見渡して差配したり、接客したりしていました。「つぼ八」の1号店も2号店もわたしがフロントに立って繁盛店になりました。「白札屋」でも同じようにしたのです。

大繁盛の初日を終えて、店を閉めたとき確信しました。

「ああ、この店はつぶれる……」

あれほどゾッとしたことはありません。

「つぼ八」では、レジでお会計を終えたお客さまに「ありがとうございました」と御礼を言います。それだけではなく、わたしはお客さまが出口から出た後を追って、もう一度「ありがとうございました、お客さま」と後ろから大きく声をかけます。「いいお店だ」と思ってくださったお客さまは必ず振り返って、何かしら合図してくださるものです。「また来るよ！」と声に出すか、笑顔になるか、片手を挙げるか。

ところが「白札屋」で振り返るお客さまはいませんでした。大正ロマンに作り込んだすばらしい内装、料理もおいしい。

高円寺や大和のお店には、サンダル履きのお客さまがリラックスしてお見えになります。しかし、「白札屋」のお客さまはどこか構えた感じで、楽しそうにしていませんでした。これは現場に立つ者にしかわからない肌感覚です。

わたしは今でもお店をまわっています。それはお客さまの様子はどうか、空気感を知るためです。

今、力を入れる新業態の和牛焼肉食べ放題「かみむら牧場」のお店に足を運んだときに目にしたのは、ファミリーのお客さまの笑顔。この笑顔があればいけるという確信をもてました。

ところが、あのときの「白札屋」のお客さまはくつろいでいませんでした。開店から1週間は行列ができたものの、10日経ち、2週間経ってもリピートのお客さまがお見えになりませんでした。

わたしは完全にうぬぼれていました。「つぼ八」というブランドに儲けさせてもらっていたのにもかかわらず、すべてを自分の経営手腕だと勘違いしていたのです。

エール12 キャッシュがあれば会社は潰れない

「白札屋」の上大岡店を開くために、わたしは信用金庫から1億1000万円の融資を受けました。わたしが経営していた「つぼ八」2店舗の財務状況はピカピカ。だから お金を借りるのに苦労しませんでした。

別の銀行からは「渡邉さん、あなたには2000万円の融資枠があるから、いつでも貸しますよ」と言われていました。

「白札屋」の危機を感じたわたしは開店から2日で撤退を決めて、銀行にすぐアラートを鳴らしに行きました。オープニングに来てくれて、お花も出してくれた支店長は「あんなに流行っているのに何を弱気なことを言っているんですか」ととり合ってくれません。

「いやいや、本当にダメなんです」

いくらわたしが説明してもわかってもらえませんでした。

渡美商事の経営は急速に悪化していきました。当時、「つぼ八」2店舗の営業利益から返済額を引いたキャッシュフローが月500万円のプラスでした。

つまり、毎月500万円の余裕があるわけです。

「白札屋」のために借り入れた1億1000万円の返済額は月400万円。たとえ「白札屋」が苦戦して収支がプラスマイナスゼロでも資金がまわるという算段でした。「白札屋」が利益を出さなくても会社の屋台骨は揺るがないはずだったのです。

ところが「白札屋」はトントンどころか月600万円の赤字。月400万円の返済を加えると、「白札屋」単体のキャッシュフローは月1000万円のマイナスでした。3店舗トータルでキャッシュフローは月500万円のマイナス。キャッシュマイナスが雪だるま式に膨らんでいきました。倒産へと突き進んでいったのです。

わたしが「今、キャッシュを貯めろ」とお伝えしているのは、このときの教訓からです。会社はキャッシュさえあればつぶれません。

当時の渡美商事のキャッシュフローは500万円のマイナスでしたが、損益計算書は100万円の黒字だったのです。黒字倒産の危機でした。

強い危機感を抱いたわたしはふたたび銀行に足を運びました。すると、またしても

白札屋オープン後のキャッシュフロー

	営業利益(万/月)	返済(万/月)	キャッシュフロー
つぼ八(高円寺)	300	▲50	250
つぼ八(大和)	400	▲150	250
白札屋(上大岡)	▲600	▲400	▲1,000
合計	100	▲600	▲500

支店長から「商売なんてそんなもんだよ。そのうち軌道に乗るよ。がんばれ」と励まされました。

「白札屋」がドン底の状況になったとき、なんとかキャッシュを増やすべくランチを始めました。さすがに当時デリバリーはありませんでしたが、コロナショックの今と同じことをやっていました。

それでもいよいよ打つ手がなくなったとき、「つぼ八」本部に相談した結果、競合するオーナーが引いてくれて、「つぼ八」を出店できることになりました。

業態転換に必要な資金は2000万円。「『つぼ八』を出すときはいつでも貸すよ」と言ってくれていた銀行を頼りにして、支店長に面会を申し出ました。

ところが、「白札屋」の業績が急速に悪化していることを察知していた銀行は手のひらを返したのです。

融資の約束をしていた支店長は会わせる顔がなかったのでしょう。代わりに出てきた融資課長に散々説明をした挙句、最後にこう言い放たれました。

「あなたの器では3店舗までが精いっぱいだったんです。今の渡邉さんに融資してくれる銀行なんてないですよ」

それまで「渡邉さんはすごい」と持ち上げられていた銀行から、いきなり人間性を否定されたのです。

事業計画が否定されたならわかります。融資ができない理由を器の問題だと言われてしまったら、反論のしようがない。

帰り道、悔しくて涙が出ました。経営者になって36年。悔しい思いはたくさんしてきましたが、あのときがいちばんかもしれません。

わたしはまじめに、月次決算や資金繰り表を銀行に提出していました。経営が危なくなれば、アラートを鳴らしにすぐ報告しに行きました。

ただ、銀行も商売です。儲かっているときは「いつでも貸します」と言ってきますが、困っているときには貸そうとはしません。銀行は雨の日に傘は貸してくれない。だから、経営者はコロナの今、お金は借りられるだけ借りてください。

エール13 経営者は最後の最後の砦

1日の売上をすべて袋に入れて銀行に預け、それが数日後に通帳に記されるという夜間金庫（ナイトバッグ）という仕組みがあります。当時、「つぼ八」両店がその仕組みを使っていました。

居酒屋の仕事は午前5時に終わるため、いつも朝6時ごろにナイトバッグに現金を

食べる投資

満尾 正／著

最新の栄養学に基づく食事で、ストレスに負けない精神力、冴えわたる思考力、不調、痛み、病気と無縁の健康な体という最高のリターンを得る方法。ハーバードで栄養学を研究し、日本初のアンチエイジング専門クリニックを開設した医師が送る食事術。

◆対象：日々の生活や仕事のパフォーマンスを上げたい人

ISBN978-4-86643-062-1 四六判・並製本・200頁 本体1350円＋税

超・達成思考

青木仁志／著

成功者が続出！ 倒産寸前から一年で経常利益が5倍に。一億円の借金を、家事と育児を両立しながら完済。これまで40万人を研修してきたトップトレーナーによる、28年間続く日本一の目標達成講座のエッセンスを大公開。

◆対象：仕事、人間関係、お金など悩みがあり、人生をより良くしたい人

ISBN978-4-86643-063-8 四六判・並製本・168頁 本体1350円＋税

産科医が教える

赤ちゃんのための妊婦食

宗田哲男／著

妊娠準備期から妊娠期、産後、育児期の正しい栄養がわかる一冊。命の誕生のとき、人間の体にとって本当に必要な栄養とは何か？　科学的な根拠を元に、世界で初めて「胎児のエネルギーはケトン体」ということを発見した、産科医が教える。

◆対象：妊娠中の人、妊娠を考えている人

ISBN978-4-86643-064-5 A5判・並製本・312頁 本体1600円＋税

新版 愛して学んで仕事して
～女性の新しい生き方を実現する66のヒント～

佐藤綾子／著

400万人に影響を与えた日本一のパフォーマンス心理学者が科学的データを基に渾身でつづった、自分らしく人生を充実させる66の方法。

◆対象：生活・仕事をもっと効率化したい人

ISBN978-4-86643-058-4 四六判・並製本・224頁 本体1,300円＋税

人生100年時代の稼ぎ方

勝間和代、久保明彦、和田裕美／著

人生100年時代の中で、力強く稼ぎ続けるために必要な知識と概念、思考について、3人の稼ぐプロフェッショナルが語る一冊。お金と仕事の不安から無縁になる、時代に負けずに稼ぎ続けるための人生戦略がわかります。

◆対象：仕事・お金・老後に不安がある人、よりよい働き方を模索する人

ISBN978-4-86643-050-8 四六判・並製本・204頁 本体1,350円＋税

グラッサー博士の選択理論　**全米ベストセラー！**

～幸せな人間関係を築くために～

ウイリアム・グラッサー／著
柿谷正期／訳

「すべての感情と行動は自らが選び取っている！」
人間関係のメカニズムを解明し、上質な人生を築くためのナビゲーター。

◆対象：良質な人間関係を構築し、人生を前向きに生きていきたい人

ISBN978-4-902222-03-6 四六判・上製本・578頁 本体3,800円＋税

入れていました。
このときは各店のスタッフに「ナイトバッグに入れるな」と指示しました。ナイトバッグに入れると、2～3日はお金が止まってしまうからです。最後の最後は小銭まで残しておくように指示するほど追い込まれました。

お金がまわらない怖さ、お金がない心許なさを嫌というほど経験しました。信用金庫からはすでに1億1000万円を借りている。銀行は貸してくれない。頼れるのは父しかいない。しかし、父はまだ会社清算中でした。父に相談するしかないけれど、迷惑はかけたくない。結局、父には相談しませんでした。

そんな折、仕入先である業務用酒類販売大手の塩田屋の専務から電話が入りました。塩田屋とは1店舗目からお付き合いがありました。1店舗目を開くときに2000万円を借りており、それはすでに利息を付けて全額返していました。
「とにかく現金商売なんだから、払えるときは1日前に払え。絶対に手形で払うな、現金で払え」

経営者だった父から言われていたことを、わたしは忠実に守っていました。

急いで経理部長を向かわせると、面会を終えた経理部長が声を詰まらせて、涙ながらに電話をかけてきました。

「社長、今、手元に２０００万円があります……」

「どういうことだ？」

「塩田屋さんが、『あなたの会社はつぶれちゃいけない』と……」

風呂敷包みの２０００万円を受け取った私は塩田屋にすぐ連絡しました。

「どうして融資してくださったのですか？」

「私たち酒屋は色々な店に出入りさせてもらっています。そこではぞんざいな扱いを受けることもしばしばです。しかし、渡邉社長のお店は一緒になって重いビールケースを運んでくれていた。暑い日は、いつも麦茶を出してくれた。そういうお店にはつぶれてほしくないのです」

経営者は最後の最後の砦です。誰にも頼れません。頼ってはいけません。塩田屋の専務もすがりつく経営者にお金を貸そうなんて思わなかったでしょう。

どんなときでもあきらめず、真摯に、誠実に付き合うからこそ、「助けたい」と思ってもらえるような会社になるのです。ワタミでは36年ずっとお付き合いのある取引先もあります。

コロナ禍でほんとうに窮地にいる経営者もいるでしょう。しかし、経営者である限り、どんなに苦しくても助けを求めてはいけません。

エール14
1日1ミリでもいいから前へ進む

過去の実績を過信し、失敗しても銀行から融資を受けられると盲信的に経営をしていたわたしは、塩田屋からの2000万円でなんとか「白札屋」を「つぼ八」に転換させることができました。

その途端、営業利益が月600万円の赤字だったお店が月200万の黒字に変わりました。お店の空間も料理も「白札屋」のほうがクオリティーは高い。それなのに、「つぼ八」の看板を掲げただけで繁盛店になるのです。

商売の怖さを実感しました。理屈ではありません。ブランドは恐ろしい。「つぼ八」のブランドにはとてつもない力がありました。

そのブランド力を改めて思い知らされたわたしは、オリジナルの業態を立ち上げつつ、「つぼ八」のお店をコツコツと増やしていくことを考えます。

「つぼ八」本部が紹介してくれた不採算店をことごとく蘇らせていったので、とにかく資本回転率が良かった。普通なら開店費用に8000万円かかるお店が2000万で手に入ったのです。初期投資が小さいことが成長の原動力になっていました。

ワタミが運営する「つぼ八」13店舗中、7店がつぶれたお店でした。「つぼ八」本部にしてみれば、ワタミに任せれば利益が4倍になり、ロイヤリティが増えます。お店がつぶれたらワタミに紹介するという流れができていました。

片や独自ブランドのお好み焼きHOUSE「唐変木」、宅配お好み焼き店の「KE

I太」はバブル崩壊の影響が直撃していました。お好み焼きは、お客さまにとって割高と思われてしまっていたのです。

「唐変木」と「KEI太」をつぶさねばならない。しかし、スタッフの雇用は守りたい。そこで、「つぼ八」本部に「もっと出店させてほしい」と打診しました。

しかし、すでに創業者の石井さんが去っていた「つぼ八」本部は、ワタミにこれ以上出店させないという経営判断を下していました。理由の1つは直営店とワタミFC店の立場が逆転していたからです。FCの加盟希望者が来ると、直営店を見ずにワタミに相談するようになっていました。

もう1つは、FCオーナーたちの嫉妬です。出る杭は打たれます。事業を成長させようと思っている経営者なら、必ず叩かれると覚悟したほうがいい。むしろ、叩かれないような人は、大した伸び方はしていません。

ワタミには物件の情報がまわってこなくなりました。こちらで立地のいい物件を見つけて本部に出店を打診してもイエスはもらえません。

そこでお好み焼き屋のスタッフの受け皿となる定食屋の企画書をまとめて「つぼ八」本部に説明しに行きました。それが「和民」です。

「つぼ八」と業態がかぶらないように、「和民」は定食を重視したり、ファミリーをターゲットにしていました。居酒屋ではなく「居食屋」と名づけたのです。

「これなら『つぼ八』とバッティングしないね。出していいよ」

「そうですか。ありがとうございます」

わたしは居食屋「和民」1号店を東京・笹塚にオープンさせました。

ところが、「つぼ八」笹塚店の売上が半減してしまったのです。400メートルほど離れた立地でしたが、笹塚は小さな街です。

1ヵ月ほど経ったころ、「つぼ八」本部の専務に呼び出されました。

「右手で握手して、左手で殴り合うのか？」

「そんなつもりはありません」

「数字で殴ってるじゃないか。『つぼ八』を敵に回すなら、13店舗の看板を下ろせ。仲間ならば『和民』の看板を下ろせ」

完全服従しろという要求です。

「ちょっと考えさせてください」

数日後、「つぼ八」本部に13店舗すべてを「和民」に変えることを伝えました。

経営をするなかで嫉妬されたら、絶対に謙虚になってはいけません。嫉妬や悪口、陰口なんて男の勲章です。

ただし、威張る必要もない。自分の成功を見せびらかして、嫉妬を買うようなことはわざわざしないほうがいい。

普通に経営をしているだけで嫉妬されるなら、絶対にひるんではいけません。

とはいえ、13店舗を一気に「和民」に変えることはできません。毎月1店舗ずつ看板を下ろしていくことをお願いしたら、公正証書にするように言われました。

本部はわかっていたのです。「和民」は利益が出ていないことを。13店舗を徐々に転換していけば、途中で音を上げると見越していた。

「つぼ八」は月300万円くらいの黒字でしたが、「和民」は月300万円の赤字でした。毎月、黒字店が赤字店になっていくのです。「頼むよ、『つぼ八』のままでいてくれよ」というのが本部の本心でした。

「つぼ八」は1店月３００万円、13店舗で月３９００万円、年間5億円近い利益を出していました。

片や「和民」は月３００万円の赤字で、１店舗のみ。

冷静に考えたらおかしい。５億円の利益を捨てたわけですから。

しかし、お金よりも大切なことがあるのです。

自分らしさ。「これは譲れない」という線があるのです。事前に事業計画も渡していた。競合するような立地に出店しなかった。「つぼ八」本部に対して、わたしは間違っていることをしているとは思っていませんでした。間違っていないことは謝る必要はありません。間違ってないことを謝ってしまうと、なんでも謝って逃げることになってしまいます。

それは自分らしくない。

あのときがワタミの最大の危機でした。「白札屋」のときは、最終手段が見えている危機でした。「つぼ八」の繁盛店を売ればなんとかなったのです。わたしが経営していた大和店は全国400店中、ナンバー1の業績。売りに出せば日本中のオーナーが飛びつきます。

しかし「和民」転換のときは手がありませんでした。

わたしは経営者人生ではじめて眠れぬ日々を過ごしました。

今のコロナショックで数字が日に日に落ち込んで、なんとか売上を上げなければ、今日の利益を1円でも上げなければいけないという状況に追い込まれている経営者もたくさんいるでしょう。

光が見えないときの教訓は、1日1ミリでもいいから前に進んでいくことです。FLRを見直す。たとえば、店内で鶏をさばいて焼鳥の串打ちをしていたのを、新潟の生産者の所へ、朝刺した焼鳥を売ってくれるようにお願いしました。その結果、総労働時間が減って、原価は若干上がるけれどもトータルのコストを下げられました。人件費なら、別々にやっていた工程を同時にできるようにする。ちょっとした工夫です。ほんの小さな工夫の積み重ねが、0・1％ずつ数字を変えていくのです。

わたしがこのときに学んだのは、とにかく全社員一丸になること。誰かがやるわけではない。一人ひとりが工夫して、メニューはどうする、価格はどうすると、泥臭く徹底的に改善を模索する。とにかくPDCAをできるかぎり高速で回していくしかないのです。

エール15 「自分らしさ」の一貫性をブレさせない

光が見えないなかでの1ミリの前進です。言うほど簡単ではありません。

「つぼ八」から「和民」への転換に苦しんでいたときに、救いの手を差し伸べてくれたのは石井さんでした。クーデターで「つぼ八」を追われた石井さんは新たに「八百八町」という居酒屋を出店して大繁盛店にしていました。

わたしが石井さんに相談を持ち掛けるとこう仰いました。

「俺もなんでうまくいってるのかわからないんだ。社員を現場に入れていいから。それで何かつかめるかもしれない」

ワタミの社員たちは一人ひとり少しずつ努力していました。そんな社員たちが「八百八町」に入れば、そこにはさらなる工夫のヒントがいっぱいあるわけです。「八百八町」でのトレーニングは大きな効果がありました。

わたしは、石井さんに2回助けられました。創業のときとこのときです。こうした巡り合わせは運としか言いようがない。

経営者に運は不可欠です。運とは何か？　わたしは人の応援だと思っています。運を自分で生み出すことはできません。

しかし、運を引き寄せることはできると思います。どうすれば運が寄ってくるのか？　一貫性です。

「あの人の生き方は筋が通っているよね」

人から応援されるような生き方をすることです。人の後ろ側に神様がいて、神様が応援してくれるような生き方をすること。これが運だと思います。

自分が経営している会社が大きくなってくると、いろんな儲け話が舞い込んできます。株の話、不動産の話、投資の話など、さまざまです。

そのとき、自分はどう判断するか。怪しい話は断るのは当然ですが、たとえ合法なものでも、自分の生き方に合わないものは手を出さない。

「つぼ八」から「和民」へ転換したときの判断もそうでしたが、自分のもっている「らしさ」のようなものを大切にしたいと思っています。

渡邉美樹らしさ。

ワタミらしさ。

これがブレると、一貫性が崩れてしまいます。

1つタガが外れると、どんどん外れます。ですから、1つも外してはいけません。

「割れ窓理論」というのがあります。割れた窓ガラスを放置しておくと、ほかのガラスも割られ、ゴミも捨てられ、その建物全体が荒廃して、いずれは街全体が荒れ果ててしまうという考え方です。

ゴミもそうです。1つ見逃したら、店はゴミだらけになっていきます。最初のゴミを出さないのが肝心。

どこかにスキがあると、そこに付け入ろうとする人が寄ってきますが、自分らしさを大切にした経営をしていると、変な人が寄りつかなくなってきます。自分が学びたい、参考にしたい、一緒にビジネスしたいと思える尊敬できる人たちと出会えるようになるのです。

エール16 欠けた人材の穴は自然治癒する

一貫性を大切にしながら「和民」への転換は軌道に乗り始めました。営業責任者からもいい報告が上がってくるようになります。それを聞いてわたしも安心しかけていた矢先、金沢の「つぼ八」FC会社の番頭格だった人物がワタミに転職してきました。

わたしは「とりあえず2週間、店を見てきて、問題点があれば報告してほしい」と伝えました。彼はワタミのやり方にとらわれない目をもっているからです。

店をひと通りまわってきた彼が言いました。

「基本が全部ダメじゃないですか。在庫管理すらできていません。社長ができていると思っていることが、現場ではまったくできてないですよ。荒廃している危機的状況です」

まさかそんな報告を受けるとは予想していませんでした。わたしは慌てて現場をチェックしてみると、彼の言う通りではありませんか。

「つぼ八」は冷凍食品を使っていましたが、「和民」のコンセプトは手作り。「つぼ八」は物流システムが確立されていて、開店前に食材が届きますが、「和民」はそうはいきません。冷凍食品文化を引きずったままで、食材の発注も在庫管理もロスが大きかったのです。

営業責任者は創業メンバーで役員でしたが、課長に降格させて、金沢から来た彼を営業責任者に引き上げました。

「つぼ八」数店を経営していたとき、創業メンバーはとても優秀でした。しかし、会社のステージが変わると、輝けなくなってしまったのです。

そのことを本人もわかっていたのでしょう。役員から課長に降格してしばらくすると、自ら会社を去っていきました。わたしは、辞めさせてあげたほうがその人にとって幸せだと思いました。たとえワタミで輝けなくなったとしても、輝ける場所があれば本人のためになるからです。

コロナショックの今、ワタミは大きく転換しようとしています。ステージをさらに上げようとしているのです。そうなると、付いてこられない幹部が出てきます。ワタミは去っていく幹部を追いません。そのほうが本人のためです。

そうすることによって、残るみんなが生きるとしたら、大きな愛だと思います。全体最適です。

そのときに大事なのは、力のない人間に権限や責任を与えることはしませんが、苦労してくれた人間にはきちんと報酬を与えること。わたしは創業メンバーには株を渡しました。

とはいえ、中小企業の経営者の場合、よほどの喧嘩別れでなければ幹部を慰留するでしょう。そこに穴が空いてしまうからです。「次の人が見つかるまで、あと1年、あと2年」と引き延ばそうとするかもしれません。大手企業なら人材が豊富ですが、中小企業では限られています。

ワタミは規模が小さなころから去る人は追いませんでした。不思議なもので、会社組織は体の組織と同じように、傷は必ず埋まります。組織は自然治癒力をもっています。わたしはそれをずっと体感してきました。

もっと言うと、社員がまだ10人しかいなかった時代は「自分が埋めればいい」「自分が倍働けばいい」と、いつも思っていました。

追っても、何もいいことはありません。

コロナショックの今、これまでなんとなくやってきたものを見直すチャンスです。本当に求める人材は？　そういう人材が、どうしたら成長して幸せになれる環境をつくってあげられるのか。一人ひとりの社員と向き合ういい機会だと思います。

ただ、組織にはまだ成長途中の人間もたくさんいます。ほかの仕事を与えればまだ成長の余地があるときには、本人のために引き留めるケースもあります。

慰留してはいけないというのは、会社や自分の都合で慰留してはいけないということです。相手のためを考えてのことなら、慰留すべきです。

エール17

危機のときこそリーダーシップを発揮する

わたしは２０１３年、参議院議員選挙に出馬・当選しました。その年のワタミは過去最高益を記録したほどの好業績でした。

ところが、翌２０１４年３月期には上場以来初の49億円の赤字に転落しました。さらに２０１５年３月期は赤字が１２８億円にまで膨らんだのです。

絶好調だったワタミは、わたしが国会議員になると一転して債務超過寸前にまで追い込まれました。

わたしはかつてワタミのすべての事業を見ていました。

２００９年には、わたしは社長を後任に譲って会長になり、経営から一歩引く立場になりました。国会議員になったときには、取締役も辞任して完全に経営を手放しました。事業承継を段階的に進めていたのです。

しかし、事業を承継するとき、わたしがやっていたことすべてを1人に任せるのは不可能だと考えました。そこで組織を分けて、分権化したのです。外食、介護、宅食、海外といった事業部ごとに社長を置き、分社経営に舵を切りました。

すると、それぞれの社長が自分の事業のことしか考えなくなって、全体を見渡す人がいなくなりました。ほかの事業について「おかしい」と違和感があっても、口出ししない。たとえば、介護事業の幹部が居酒屋で飲食をして「このメニューは変えたほうがいい」と思っても、外食事業部に伝えることはありません。

象徴的な出来事がありました。東京から新潟へモノを運ぶとき、外食事業と宅食事業が別々のトラックを走らせていたのです。1台のトラックに混載すれば、単純にコストは半分です。ほかにも、同じような資材を事業部ごとに別々に仕入れているケースもありました。

経営者の目が会社のすべてに行き届いているうちは、こうした問題は起きません。ところが、どの企業でも組織が大きくなり、分権化を始めると、縦割りの弊害が浮き彫りになっていくものです。

コロナショックもそうですが、危機のときには経営は独裁であるべきだと思います。経営に正解はありません。１００人いたら１００通りの方法があります。未来に行けるタイムマシンでもないかぎり正解はわかりません。誰かが決めるしかない。危機のときは、多数決は絶対にやってはいけません。

しかし、大企業病になると多数決したがるのです。なぜなら、みんな責任をとりたくないからです。

日本では今、中小企業の事業承継が大きなテーマになっています。優れたナンバー2でも、トップになると判断を間違えるようになってしまうことがあります。

というのも、ナンバー1とナンバー2ではまるで違うからです。

何が違うか。周りの持ち上げぶりです。ナンバー1は人事権をもちます。すると、社員たちはいい話しかもってきません。取引先も、最終決定権のあるナンバー1のご機嫌とりをします。

私自身、20代でうぬぼれ状態になりました。事業を承継するなら、様子見期間を設定するのも手だと思います。

エール18
ビジネスモデルの強さへの過信を捨てる

コロナショックで外食やホテル、航空などのさまざまな業界が大打撃を受けました。一方で、スーパーやホームセンター、ＩＴなど、打撃を受けなかったどころか業績を伸ばしている業界もあります。

危機のときには多数決をしないと言いましたが、危機を乗り越えたことで自信をつけて、「コロナの第二波がきても、うちの会社は大丈夫」。こうした慢心を経営者がもってしまうことに警鐘を鳴らしたいと思います。

居食屋「和民」という業態が強すぎたこと。これが裏目に出たこともワタミ三度目の危機の大きな引き金になったからです。

「和民」は極めて柔軟性のある業態です。第二の家庭の食卓でもいい。会社員向けでもいい。宴会でももちろんいい。あらゆるお客さまに、多様な場面を提供できるのが「和民」の強さです。

商圏を広く設定することもできれば、狭く設定することもできます。メニューも「これしかダメ」ということはありません。

変数を数多く持っているので、工夫次第で損益分岐点を下げられる業態です。損益分岐点を下げるとは、コストを下げて、少ない売上でも利益を出せるようにするということです。

「和民」は全体の売上が落ちてきても利益率をキープできました。あまりに強すぎる業態だからこそ、危機を感じとるのが遅れてしまったのです。

「危機感のカタマリであれ」というのが持論であったのに、事業承継するときに「このまま経営すればワタミは大丈夫だから」と幹部に伝えてしまっていました。私自身も「和民」の強さを過信していたのです。

さらに、ワタミは当時年間100店のペースで出店し、500店以上にまで拡大していました。事業の急成長にともなって採用人数を増やしていきました。2000年の新卒採用は54人でしたが、ピークの2006年新卒採用は10倍近い486人。現場ではとにかく人手が欲しかったからです。どうしても人数確保優先の採用になってしまい、入社後のフォローもかつてほどきめ細かにできなくなっていました。大量採用の弊害が出ていたのです。

成長していたがゆえに、足元が見えなくなっていたのです。

エール19

オーナーは、胸を張って復帰していい

国会議員時代のわたしはワタミの大株主でしたが、経営からは離れていました。「白札屋」の失敗も、「和民」立ち上げの苦難も、すべて自分で対応できました。ところがこの三度目の危機のとき、経営に手を出してはいけないと自らを戒めていました。任せたからには、手出しはしないと心に決めていたのです。

居酒屋と宅食、介護という収益性の高い3つの事業を渡したからには、三度目の危機も乗り越えられると考えていました。

わたしは経営にタッチしていませんから、「店舗を改装したら売上が伸びた」と聞けば、「そうか、わかった」としか言いようがありません。現場に入って確認するわけにはいかないからです。

毎日チェックする。心配なことはすべて現場に確認しに行く。これが経営です。永田町の参議院議員会館にいるかぎり、経営はできません。

国会議員時代のわたしの経営判断はたった1つ。

「任せたのだから、ギリギリまでやらせよう」

ただ、債務超過ギリギリまできたからには、自分が育てた3つの子どものうちの1つ、介護事業を売却するしかないと経営陣にアドバイスしました。介護事業の売却でもち直さなければ、経営に戻ろうと心に決めました。

国会議員時代のわたしのように、会社経営の第一線から離れている創業オーナーもいることでしょう。

今回コロナショックで自分がつくった会社が傾いているとき、「自分のやり方とは違う」と思ったら、経営に戻ることです。危機的状況ですから、引退なんかひっくり返して堂々と戻ればいいのです。

わたしも国会議員の任期を終えて、ワタミに復帰しました。トップは朝令暮改、前言撤回でかまいません。なぜなら会社への執念が誰よりも強いからです。会社は自分の人生そのものではありませんか？　少しも遠慮する必要はありません。

息子に渡したから、というのも関係ない。「この危機は自分が乗り越えるんだ！」と宣言して、経営に戻ればいい。

わたしが国会議員を経験して改めて思うのは、会社の中にいるのと外にいるのとでは大違いであるということ。外にいては経営できないことが嫌というほどわかりました。

エール20

いつまでも青春を

わたしは三度の危機を乗り越えたことによって、四度目となる今回のコロナショックには落ち着いて対処しています。

国会議員になるまで、29年間はワタミを率いていました。国会議員時代はわたしにとって折り返し地点。次の29年間で社会問題を解決するモデルづくりにチャレンジします。

「若いころは体力も気力もあったけど、さすがに年をとると……」

そんな弱気になっている経営者がいるかもしれません。

年齢とは、物理的に何年生きたかではありません。自分でどのくらいと思うかです。

「青春とは心の若さである。信念と希望に溢れ勇気に満ちて、日に新たな活動を続けるかぎり青春は永遠にその人のものである」

これは、米国の実業家で詩人でもあるサミュエル・ウルマンの言葉です。パナソニックの創業者の松下幸之助が深い感銘を受けて要約し、座右の銘としていました。わたしも本当にそのとおりだと思います。夢を追いかけているかぎり青春です。

今回のコロナショックを契機に引退しよう、経営を辞めようと思っている経営者がいたら、辞めたほうがいいです。

なぜ、気力があるのか。

なぜ、夢を見るのか。

わたしは気力というのは、使命感から生まれてくるものだと思います。「あなたは、これをやりなさい」という神様から与えられた使命があって、なんらかのエネルギーによって突き動かされるのです。

「年だし、そろそろ辞めようかな」と思う人は、もう使命がない。それならやめたほうがいい。

第1章でFCオーナーに「氣」の色紙を贈ったことに触れました。

20代だろうが60代だろうが関係ありません。経営は氣です。

若いころは、見栄を張っていたり、強がっていたりする部分もありましたが、今は強がりはありません。むしろ、若いときよりも今のほうが気は断然強い。

わたしはワタミが外食でナンバー1企業になったと思ったことは一度もありません。ワタミは今でも挑戦者です。これから成長していく企業です。経営に復帰した今がスタートラインというくらいの気持ちで経営に臨んでいます。

エール11

お客さまの笑顔に確信を

過去の実績を過信しない。お客さまの笑顔に確信をもつ。

エール12

キャッシュがあれば会社は潰れない

雨の日に傘は借りられない。危機の今、銀行からは借りられるだけ借りる。

エール13

経営者は最後の最後の砦

経営者はどんなに苦しくても助けを求めてはいけない。「助けたい」と思ってもらえるような会社をつくる。

エール14

1日1ミリでもいいから前へ進む

光が見えないときは、全社員が一丸となって、一人ひとりの工夫で0・1%ずつ数字を変えていく。

エール15
「自分らしさ」の一貫性をブレさせない

儲け話には乗らず、生き方に筋を通すことで経営者に不可欠な運が寄ってくる。

エール16
欠けた人材の穴は自然治癒する

組織の傷は必ず埋まる。一人ひとりの社員と向き合って大胆に経営を変革するチャンス。

エール17
危機のときこそリーダーシップを発揮する

多数決をやってはいけない。危機のときこそトップダウンで未来への道筋を決断する。

エール18
ビジネスモデルの強さへの過信を捨てる

成長しているときこそ、足元をしっかりと見る。危機感のカタマリであることを忘れない。

エール19

オーナーは、胸を張って復帰していい

経営は外にいてはできない。危機のときこそ、会社への執念が一番強いトップの力が求められている。

エール20

いつまでも青春を

青春とは心の若さ。使命感から「氣」は生まれる。

3章

ポストコロナを生き抜く
10の経営要件

エール21
売上70％でも利益を出せる仕組みをつくる

日本は過去にもバブル崩壊やリーマンショックといった不況を経験しました。しかし、今回のコロナショックがこれまでの不況と決定的に違う点があります。

それは、ライフスタイルの変化をともなっていること。

コロナショックを契機に、政府は「新しい生活様式」への転換を呼びかけています。その食事の項目には「対面ではなく横並びで座ろう」「料理に集中、おしゃべりは控えめに」と示されています。わたしはこれを見てがく然としました。居酒屋そのものを否定しているとも受けとれる内容だからです。

居酒屋だけではありません。カラオケやスポーツジム、冠婚葬祭など、名ざしされた業界はビジネスそのものが立ち行かなくなるでしょう。

これからは人が集まるビジネスは変わっていかざるをえません。居酒屋にしろ、ファミリーレストランにしろ、旅館にしろ、「安いからあそこに行きましょう」という日常使いが大きく減るのではないでしょうか。

わたしは、日常使いに代わる需要があると見ています。

「今日は特別だから外食しましょう」

「今日は特別な記念日だから旅行しましょう」

こうしたハレの需要です。

和牛焼肉食べ放題「かみむら牧場」は、ハレの家族の食卓がテーマです。

ワタミはこれまでハレ向けのお店を本腰を入れて展開したことはありませんでした。普段使いのお店を手がけてきたのです。

しかし、これだけライフスタイルが変わるなら、ハレの場をしっかりと提供していくことが外食産業の務めになると思います。

飲食業の場合、売上が70％になっても利益が出るように、商売のやり方を変えなければいけないとわたしは考えます。

どうすれば売上が70％でも利益を出せるのか？

方法は3つしかありません。

それはFLRの3つを抑えることです。F（フード＝材料費）を抑えて、L（レイバー＝人件費）を抑えて、R（レント＝家賃）を抑えるしかない。

今の原価率が30％なら、原価率25％でも価値を落とさない商品をどう生み出すか？

Fなら、お刺身を買ってきて右から左へと売るのはやめにして、付加価値の高い商品を開発する。

Lなら、これまではスタッフが配膳していたものを、すべてお客さまに運んでいただくというのも考え方の1つです。食後にお茶を1杯サービスしていたなら、フロント脇にティーサーバーを置いて、セルフサービスに切り替えるというのも一案です。これまで炒め物を中心に、揚げ物と焼き物を提供していたお店ならば、思い切ってフライヤーをやめる。1人分の人件費を浮かせるメニューに変えましょうというような工夫です。

Rなら、大家さんと交渉して、どこまで家賃を下げられるか？　大家さんには「3割まけてください」と打診する。「まけてくれないなら出ていきます」というのも1

つの選択肢です。これからどんどん物件が空くはずです。違う場所でやるというのも検討する価値はあります。

ＦＬＲをそれぞれ組み立て直していかないと、飲食店の未来はありません。やれることは山ほどあります。新しい店をつくっているのと同じです。

売上が70％でも利益が出るお店をつくることができれば、２年半後、もし売上が１００％に戻ったら、驚くほど利益率の高いお店になるわけです。未来に平常化したとき、実をとれるような準備をしておくべきです。

エール22 現状からの引き算ではなく、ゼロから足し算する

売上70％でも利益の出る仕組みを考えるとき、大事なのは完全に現状を否定することです。

売上が10％落ちてもいいようなお店をつくるなら、現状の改善ですみます。

ところが売上が30％落ちても赤字にならないお店をつくるとなると、それまでのことはすべて忘れないかぎり実現できません。

飲食店の場合、売上が15％以上減ったら黒字にはできないというのが通常の構造です。売上が15％落ちたら赤字なのに、その2倍である30％ダウンとなると、現状の仕組みではできません。

全面的に今を捨てるしかないのです。

現状から引き算するのではなく、ゼロベースから足し算するのです。これは危機以外のときも同じです。「今から5年で売上を3倍にする」というのと、「今から5年で売上を10倍にする」というのでは大違い。それまでの発想を引きずっていては、売上10倍の実現は不可能。発想を完全に変えなければなりません。

ワタミは今、現在進行形でこのことと向き合っています。わたし自身が戦っている最中です。

とはいえ、現状否定は簡単にはできません。

経営者には、何かしらこだわりがあるでしょう。自分がつくったお店にこだわりがあると、なかなか現状否定はできません。

わたしがこだわっているのは「お客さまが楽しむ」ということ。出会い、ふれあい、安らぎがそこにあれば、極端な話、お店は何屋でもいいのです。ワタミという屋号ですらなくていい。売り物も関係ない。とにかくお客さまが笑顔で「ありがとう」と言っていただけるなら、なんでもいいのです。

だからわたしはすべてを否定できます。

なぜ、商売しているのか。

なぜ、会社を経営しているのか。

こだわりはどこにあるのか。

もう一度、自分と向き合うところから、ゼロベースでの見直しが始まるのです。

エール23

10年後を見据えて一番店をつくる

ゼロベースで見直すとは前提も変わることを意味します。

コロナショックの余波から立ち直ったとしても、また第二波がこなくても、これからの日本経済は縮小していくでしょう。なぜなら少子高齢化に歯止めがかからないからです。

仮に、2年~2年半後にコロナショックから脱却したとしても、市場規模が元の10割に戻る業界はほんの一部だと思います。全体的にいうと、7~8割くらいまでにしか戻らないと想定しておいたほうがいいでしょう。

さらに、いずれは日本という国の財政が破綻する危険性が極めて高い。日本の政府と地方の借金は1100兆円以上。日本の国家予算は年間約100兆円ですから、借金がとてつもなく巨額だとわかります。日本が財政破綻すれば、景気のさらなる落ち込みは避けられません。
そこからまた持ち直して、10年後には市場規模が今の7～8割の小ぢんまりとした平和な日本が誕生するのではないでしょうか。これがわたしがイメージする日本の未来像です。

市場が7割になっても生き残っていくためにはどうすればいいでしょうか？　戦っている場所で一番になるしかありません。戦っている場所は、業界や会社の規模によってさまざまです。商店街で戦っている個人店なら、その商店街でナンバー1になることです。

何で一番になるか。単純に安さで勝負することを考える経営者もいるでしょう。商店街で一番安いという差別化です。冷凍の食材を使ったり、大量に仕入れたりして原価を下げようという方向です。これも1つの手です。徹底して安ければいい。190円のお弁当なら売れます。

いずれにしても「あそこでしか買えないから」「あそこはおいしいから」「あそこは安いから」という目的客をどれだけ集められるかに勝負がかかっています。

エール24

あれもこれもではなく、商品を絞り込む

一番店をつくるためには、飲食店のＦＬＲでいえば最大のポイントはＦ（フード）の仕入れです。一番仕入れが強いのは1品だけ売っているお店です。仕入れ力をその1品に集中できるからです。

ワタミの「から揚げの天才」は、たった1店舗でワタミのほかの業態の30店分くらいのから揚げを売ります。つまり、から揚げという1品で考えれば、「から揚げの天才」10店舗でほかの３００店分の仕入れ力があるということです。

さらに、同じ材料を使って違うメニューをどれだけ作れるかが次のポイントです。仕入れを1つにして、「これは煮る」「これは焼く」となれば、２つメニューができます。それでも仕入れは1つ。この形をめざして、ゼロから見直すのです。

少し大きな会社になると、商品を企画開発する専門部署があるでしょう。そこの担当者は毎月の企画会議に新企画を出さざるをえません。するとどんどんズレたメニューを企画してくるわけです。これからはそんな時代ではありません。いかに商品を絞るかです。

商品を絞り込むとき、わたしの指示は明快です。

「原価を3％落としなさい。でも、価値は落としてはいけません」

これは大変なことです。つまり、お客さまから見て高いと思われたらダメ。通常は3％も原価を落としたら、品質は大きく落ちます。すると、商品は割高になる。それを、高くなったと思われず、原価だけは落とすのです。

そのためには、アイテムを絞り込んで、仕入れの原価を下げつつ、商品のバリエーションを保つしかないわけです。ワタミは今、メニューすべてを見直している真っ最中です。

ある商店街に「から揚げの天才」を出店したところ、近くにあった大手弁当チェーンのお店が1年半で撤退しました。残ったのは、とんかつ専門店と「から揚げの天才」

です。この事実が1点勝負の優位性を象徴しています。弁当店もメニューを絞り込んでいるはずです。それでも、1点勝負のとんかつとから揚げに軍配が上がりました。とくに個人店の場合、これから生き残る道は1点勝負しかないと思います。あれもこれもでは一番になれません。

商品を絞って、特色を明確にすること。そこに技術と仕入れ力を投入するのです。

エール25 商品の差別化と仕入れのストーリーにこだわる

難しいのは、飲食店1店舗の経営者が仕入れを絞ったところで仕入れの値段は落ちないこと。仕入れる量が大手企業には及びません。

それなら、1品1品の差別化をどうするかを考えるしかありません。

「あの商品はあそこでしか食べられない」

「あの商品を食べに行きたいな」

お客さまにそう思っていただけるものを作るしかありません。

もし、わたし個人がお店を始めるとしたら、屋久島のシカで勝負します。「屋久鹿」というのはすごくうまい。通常のシカはいろんな餌を食べていて雑味がありますが、世界遺産の屋久島に棲む屋久鹿は質のいい草しか食べていません。だからまったく臭みがないのです。

ただし、小柄で、1日数頭しか手に入りません。だから大手企業が大量仕入れできません。あんなにうまいシカはどこにもないですから、差別化になります。

ワタミが取り組むのは、この大型版です。たとえばウマ。モンゴルに十数万頭いるウマが抜群にうまい。ウマは低カロリーで健康にもいい。これを仕入れて、ワタミの目玉商品の1つにする計画です。

さらに、できれば仕入れの物語が欲しい。屋久鹿なら、世界遺産に棲むこと、いい餌を食べていること、1日数頭しかとれないことなどです。

差別化や物語への執念が大切です。

ワタミは2002年から農業に参入して、すでに700ヘクタールの農場をもっています。「ワタミオーガニック」という有機ブランドを事業の柱にしていくにあたって、その象徴となる作物を探していました。

ショウガやニンニクという意見がありました。実際に、ワタミの農場で作るショウガはショウガオールやジンゲロールといった成分が多い。これで十分勝負できると思いましたが、いかんせんショウガは手あかが付いています。消費者からは「またショウガ？　ほかでもやっているよね」と見られかねません。差別化が弱い。

何か面白い商品はないか。東京女子医科大学の関係者から「きく芋」の話が舞い込みました。きく芋は、免疫力を高め、なおかつ整腸作用があるというのです。調べてみたら、本当に健康にいい。きく芋自体が珍しいので、有機のきく芋はほとんどありません。

これなら差別化できて、開発の物語も乗せられます。

有機のきく芋を使ったワタミオーガニックブランドの展開を始めようと、今準備しているところです。

ワタミのお店できく芋を使うのはもちろん、宅食のお弁当のご飯にきく芋のパウダーを入れます。高齢者が毎日食べると免疫力が高まっていくのです。高齢者に元気になって、幸せになっていただけます。

きく芋は乳酸菌の餌になります。乳酸菌ときく芋をかけ合わせたサプリは、すごく体にいい。これも発売する計画です。

わたしは、ワタミオーガニックだけで年商1000億円を考えています。

エール26 効率化や生産性向上に執念を燃やす

絞り込むというのは商品メニューだけのことではありません。

「4階と6階以外は、なし!」

わたしは2020年6月、経営戦略会議でこう宣言しました。ワタミの本社は7階建てのビルに入っています。このうち4階と6階を残して、あとはすべて空けろ、と指示したのです。

幹部たちはみんな「あいつは必要だ」「この部署は欠かせない」と言います。

「もう1回言うよ、4階と6階だけ！」

6階のド真ん中にわたしの席。そのまわりに、新業態開発や仕入れ、IT、広報といったわたしの直轄部隊を配置します。

4階は営業部隊だけ。

本社に残るのはこれまでの3分の1の人数です。

それ以外の3分の2の社員はどうするのか。お店や営業所、工場に配置します。

つまり、売りに直結する部署の社員はすべて売る現場に行きなさいということ。本社にいるのは、売りに関係ない人たちだけにするわけです。

今、4階と6階だけ残してほかはすべて営業に配置し始めましたが、不具合はまったく起きていません。じつは、それを確信してから指示しました。

国会議員の任期が満了して、会長としてワタミの経営に戻ってきた2019年夏以降、わたしはずっとみんなの仕事ぶりを見ていました。すべての部署をまわって、「あなたの仕事はなんですか？」と問いかけてきました。

幹部に対しては「各部門でこれ以上いなくなったら会社がつぶれるという人数を教えてくれ」と指示しました。たとえば「今は5人でやっている仕事で、2人ならこなせるが、さすがに1人になったら会社がつぶれる」というギリギリのラインを教えてくれということです。

出てきた数字に、わたしが社員たちにヒアリングしたことを勘案した結果、4階と6階の2フロアだけ残したのです。

危機のときは、やはり引き算ではなく足し算です。

なんとか工夫できないか。どうすればもっと効率を上げられるか。わたしは、こうしたことを考えるのが大好き。コロナショックがあろうがなかろうが、工夫と効率化には執念があります。

この執念がコロナショック後の成否を分けると思います。

エール27

業態は精密機械。徹底的に微調整する

「まるでコロナがくることがわかっていたかのような指示を出していましたね」

ワタミの社外役員からこう言われました。

テイクアウトを軸にした「から揚げの天才」の1号出店は２０１８年11月のこと。ファミリーのハレの場を意識した和牛焼肉食べ放題「かみむら牧場」の第1号店はコロナショック期間中の２０２０年5月のオープンですが、その1年ほど前から準備を始めていました。

まさか疫病を予言していたわけではありません。わたしが想定していたのは、日本の財政破綻です。日本の財政破綻後を見据えた動きが、すべてコロナショック対策に通じているのです。

結果的に、ワタミは1年フライングしていました。

政府の緊急事態宣言のもと、多くの飲食店がテイクアウトやデリバリーを始めました。この新しいスタイルはすでに定着しつつあります。それならば、テイクアウトとデリバリーの業態を強くするのは飲食店なら当たり前です。ワタミは新たに自社デリバリーを始めました。

テイクアウトやデリバリーとなると、競合するのはスーパーやコンビニです。こうした小売店に勝てる商品をどうやって開発するか。「から揚げの天才」で言うならば、60グラム99円とスーパーやコンビニよりも安く提供しています。

「bb.q OLIVE CHICKEN café」という業態は、韓国ナンバー1フライドチキンブランドでほかにはない味を提供しています。

新しいライフスタイルを視野に入れたワタミの新業態はすべり出し好調です。

わたしが外食業界を見て思うのは、新業態のすべり出しが好調なのに、いつの間にかしぼんでしまうケースが多いということです。

それには2つ理由があります。

1つ目は深掘りしないから。外食の業態というのは、精密機械と同じ。精密機械は、設計図通りに作っただけでは現場で機能しません。現場で実際に動かしてみて、わずか0・01ミリのズレを微調整していくのです。微調整を繰り返した末、カチッと合って、はじめて精密機械は機能するのです。

飲食店もこれとまったく同じです。仕入れやオペレーション、マーケティングなど、いろんなことを詳細まで詰めて新業態を立ち上げるでしょう。しかし、それだけでは新業態は軌道に乗りません。微調整を繰り返して、カチッと合うまでが業態づくりです。

たとえコンサルタントが業態を企画したとしても、それは機械を作ったまでのこと。最後の微調整をしていません。現場で微調整するのは自分たちです。

本気さが表れるのは、この深掘りプロセスです。

2つ目は「なんとしても新業態を成功させる」という執着がないから。微調整は楽な作業ではありません。大きな問題があれば改善するのは当然ですが、そうでなければ妥協してしまいがちです。

現状よりもほんの少しでも良くしたい。

もっとお客さまに喜んでいただきたい。
そんなこだわりが微調整させるのです。これが足りないと、新業態は成功しません。
あきらめずに微調整しつづけるしかないのです。

エール28 社員を家族として守り、明日を見せる

コロナ禍でワタミはスーパーの「ロピア」に社員を出向させたことはすでに触れました。出向では1ヵ月や2ヵ月といった期間が中心で、1週間や10日という短期は難しい。アルバイトやパートの就業先も確保するためにも、機動性を高めるために派遣会社をもったほうがいいと考えました。

とにかく10割の給与を保証してあげたい。そのためには何ができるのか。単なる休業補償で6割や8割というのではなく、働いてもらって10割です。

なおかつ働いてもらうにあたっては、ワタミの6次産業モデルを意識して学ぶ研修の場にしたかったのです。そうすれば一石二鳥三鳥です。

経営危機のとき大事なのは、社員たちに明日をどう見せるか。今がつらくても、明日が見えたらみんながんばれます。ダメな経営者は明日を見せません。

スーパーにワタミの社員が出向し始めたころのこと。わたしは人事の会議で「1700人全員に夢を伝えろ」と指示しました。

「新しいお店がこれだけ増えていく。そのとき、あなたは必要だ。ただ半年、あるいは4ヵ月は待ってほしい。戻ってきたとき、あなたにはこういうポジションを与えるから」

そんな未来を出向している全員に見せるように伝えました。

出向している社員たちは不安です。自分は将来どうなるのか。ワタミに戻れるのか。ワタミに戻ったらどんな仕事があるのか。そのとき、夢があればがんばれるのです。経営者の仕事は明日を語ることです。

人材という面で、ワタミの夢はさらに広がっていきます。派遣会社ではコロナショックが終息したら、自社の社員の派遣から農業への派遣にも特化していこうというのが今の構想です。

今、日本の農業は深刻な人手不足。海外からの特定技能実習生は、一定条件を満たせば農業だけは派遣が認められています。私たちはすでに「W&I DREAM MODEL（以下、W＆I）」という外国人就労者をサポートする会社を設立しました。W＆Iが世界中の若者を招いて、日本の有機農業を学んでもらうためにワタミの農場や契約農場に派遣するというモデルを構想しています。

結果として、ワタミの有機農業が世界に広がっていくという夢です。

これも、理念が明確な会社だからできることです。

なんのためにやっているのか。社員の幸せ、社員の成長、社会貢献。こうした揺るぎない軸があるから、人材派遣が始まり、W＆Iが始まり、農業への人材派遣に広がっていきます。すべてつながっています。

エール29

現場に即した判断をする

わたしが国会議員を引退してワタミの経営に復帰すると決断したとき、最初に始めたのが全国のお店や工場をまわることです。

現場のスタッフはどんな表情で働いているのか、どんな不満があるのか、どんな夢を抱いているのか。お店や工場にはどんな課題があるのか。

こうしたことは、現場に行かなければわかりません。幹部から上がってくる報告だけでは、現場の実態は見えてきません。

現場は大事。現場がすべてです。だからわたしは全国の現場をまわりました。日本一売り上げている営業所長がいると聞けば、飛んで行きます。目標を超えつづけている店長がいると聞けば、顔を出して話を聞きます。

わたしは現場に足を運ぶと、スタッフから徹底的に話を聞きます。時には、現場のグチも聞きます。すべてを話してもらわなければ、いい情報も悪い情報も入ってきません。その中には経営戦略づくりに活かせるいろんなヒントが隠されています。たとえば「から揚げの天才」はリピートのお客さまが多いという情報が現場から上がってきました。それを受けて、エコバッグのように、何度も使えるボックスを作るように指示しました。「から揚げの天才」の大社長であるテリー伊藤さんのイラストが入った面白いボックスを作るように伝えました。

経営には、数字も大切です。ただし、数字は仮説を立てるための材料にすぎません。お店の業績が悪いからといって、数字だけで撤退を決めてはいけません。現場を見なければならないのです。

数字を見て仮説を立てること。仮説を立てたうえで、現場に行くこと。現場で検証すること。そして、現場で商品を見て、社員と話し、空気を感じ、はじめてそこで経営判断ができるのです。

ただし、単に現場の意見を聞けばいいわけではありません。ある社員は「量が多い」と言い、ある社員は「量が少ない」と言います。聞くべきところは聞きますが、現場は現場目線でしか物が見えません。片方の目は星を見て、片方の目は土を見る。つねに会社全体、さらには社会全体を俯瞰する目を持つべきです。

わたしは約70のプロジェクトを同時進行で指示しています。すべての現場をつぶさに見られるわけではないので、報告書を読んで状況を把握しながら、逐次現場をまわることになります。

ですから、この報告書を読む作業はものすごく集中力を必要とします。読み込んでいくと「あれ?」と、引っかかることがあります。イメージがすっと頭に入ってこないのです。そういうときに担当者を呼んで、詳細を聞くと報告書には書かれていない事象が浮かび上がってきます。それらは大抵、現場にとってはうまくいっていない悪い話、経営者にとっては改善の種であるいい話です。

エール30 お金儲けと社会貢献をイコールととらえる

現場に即した判断をするための軸は何かを深く考えてもらいたいと思います。

わたしは国会議員時代、自民党のクールジャパン戦略推進特命委員を務めていました。これから日本は少子高齢化が進んで活力が落ち、国内市場が縮んでいきます。そうなると、世界に向けてモノを売っていかなければいけない。何が売れるのか。クールジャパンという旗印でいろんな取り組みを進めましたが、なかなかうまくいきませんでした。

そのときにわかったのは、海外では和牛の人気が極めて高いこと。同時に、高速レーンやオーダーエントリーシステムといった日本のテクノロジーをそこに掛け合わせることによって、日本独自の業態を世界に広めることができるのではないかと考えました。

わたしは、日本のために、日本が誇る和牛を世界に広めたい。そう思ってワタミに帰ってきました。これが和牛焼肉食べ放題「かみむら牧場」のアイデアの原点です。「きく芋」は、高齢者の方々の健康維持・増進に貢献したいという思いから着手しました。

儲かるか儲からないか。それだけを考える時代は終わったと思います。ビジネスによって社会問題を解決すること。わたしはこれをいつも意識しています。損得ではなく、善悪。これがわたしが物事を判断するときの基準です。どれだけ社会の役に立てるのか。その結果として儲かればいいというのがワタミのビジネスのスタンスです。

2008年のリーマンショック後は、価格が安いお店から復活していきました。ところが、ライフスタイルの変化をともなう今回のコロナショックは、この方程式が当てはまらないというのがわたしの見立てです。「新しい生活様式」で経営者は「新しい戦い」を強いられます。今までのビジネスモデルではもう通用しないと覚悟すべきです。

ワタミのやり方は、わたしの考え方に基づいているにすぎません。大事なのは、これからの時代はどうなっていくか、これからのライフスタイルはどうなっていくかを考えること。

「だったら、これが当たるな」ではありません。「だったら、これならお客さまに喜んでもらえるな」という発想でビジネスをするべきです。

近年、ＣＳＶ（共有価値の創造）経営というものが注目されています。これは、米国の著名な経営学者マイケル・ポーター教授らによって提唱された考えです。簡単にいうと、儲けることと社会貢献を両立させるのがこれからのビジネスという考えです。

コロナショックで社会貢献まで手がまわらないと思うかもしれません。しかしこれからは社会貢献とビジネスが別物ではなくなるのです。コロナ後の新しい世界を想定したビジネスモデルづくりが会社の将来の発展につながるのではないでしょうか。


わたしが国会議員を引退してワタミの経営に戻ってきた理由は、政治は直接的に社会を変えるけれど、経営はモデルで社会を変えられると思ったからです。

自然エネルギーを駆使した循環型の６次産業モデル、この「ワタミモデル」を創造しようと考えました。

元々ワタミモデルづくりをめざしていたわけではありません。ワタミのスタートは居酒屋という第3次産業。食品加工という第2次産業、さらには農業という第1次産業へとフィールドを広げ、なおかつ環境問題や循環型社会づくりにかかわっているうちに出来上がってきたものです。

結果として、SDGs（エスディージーズ）にマッチしたビジネスモデルが出来上がりました。SDGsとは持続可能な開発目標のことで、国際社会共通の目標です。

わたしの夢は、自分が引退する28年後、29年後にはワタミモデルが世界の大学院のMBA（経営学修士）コースでとり上げられるようになること。ワタミモデルを発展させていくのは、わたしの使命であり夢です。

エール21
売上70%でも利益を出せる仕組みをつくる

価値を下げずにF（フード＝材料費）L（レイバー＝人件費）R（レント＝家賃）を組み立て直す。

エール22
現状からの引き算ではなく、ゼロから足し算する

新しいお店をつくるかのように完全に現状を否定し、ゼロベースで経営を見つめ直す。

エール23
10年後を見据えて一番店をつくる

日本経済は縮小する。市場規模が3割減でも生き残るのは目的客を集められる店。

エール24
あれもこれもではなく、商品を絞り込む

アイテムを絞り込み、仕入れ力を最大限に高めて、他店にはない特色をつくる。

エール25
商品の差別化と仕入れのストーリーにこだわる

「あそこでしか食べられない」ものを提供する。1品1品を差別化する。

エール26
効率化や生産性向上に執念を燃やす

会社全体の生産性を高めるためにはどうすればいいのか？　つねに工夫を怠らない。

エール27
業態は精密機械。徹底的に微調整する

新業態は現場で動かして、0・01ミリのズレを微調整していく。

エール28
社員を家族として守り、明日を見せる

今がつらくても、なんのために仕事をしているのかに立ち戻って社員に未来を見せる。

エール29
現場に即した判断をする

片方の目で星を見ながら、もう片方の目で土を見る。会社全体と現場の両方を見て経営判断をする。

エール30
お金儲けと社会貢献をイコールととらえる

儲かるか儲からないかだけを考える時代は終わった。社会問題を解決するビジネスを。

4章

逆境のとき、
渡邉美樹が大事にする
10の言葉

エール31

逆境だからこそ、原点

あらゆるビジネスは「変化対応業」です。どの業界でも、つねに世の中の変化に対応していかなければ、時代に取り残されます。

とりわけ逆境のとき、悪いときは変わらなければなりません。変わらなければいけないときは、なんのためにやっているのかという原点に戻ることで変え方を間違えなくなります。

もう一度、原点に戻ってみてください。

あなたはなんのために居酒屋を始めたのですか？

常連のお客さまがいて、そこに一見のお客さまも加わって、みんなで楽しく過ごせるような空間をつくりたかったのではないですか？

それなら居酒屋でなくてもいいかもしれません。企業の原点とは、理念です。理念とは創業者の思いです。思いの具現化が経営です。

逆境のときだからこそ、理念に立ち返るべきです。何を求めて今、自分がそこにいるのか。大胆に変わらなければならないときこそ、立ち戻らなければなりません。

エール32

自分の器は自分で決める

第2章で触れたように、私はかつて銀行の担当者から「あなたは所詮3店舗の器だ」と言われました。3店舗までの器と言われたら、そうかなとか思ってしまう人もいるでしょう。

戦っている人間のことを、戦わない人間はわからない。わたしは竹刀をもっている人間が、真剣をもっている人間に対して、「お前は弱い」と言っているようなものだととらえました。

ただ、反論できない悔しさがありました。だから涙が出ました。

今回の逆境で、まわりから「もう辞めたほうがいいよ」とか色々言われている経営者が多いでしょう。その声を受け入れるのか、突っぱねるのか。自分の器を決めるのは自分自身です。自分の未来を決めるのは自分自身です。

まわりからの言葉は時にとても重い。「その程度の器」と言われたとき、「そうかもしれない」と未来が見えなくなったら、所詮その程度の器なのです。

見えた未来は叶います。叶わない未来は見えません。

とはいえ、何も器は大きければいいというわけではありません。1店舗でも、独自の商品を丹精込めて作っているお店こそ、これからの世の中で必要とされるでしょう。それが3店舗、10店舗と増やして味がブレてしまっては、それこそ本末転倒です。

チェーンストア理論によって500店舗、1000店舗にするのも経営です。1店舗でそこにしかない味をみがきつづけて100年やりつづけるのも経営です。経営には上も下も優劣もありません。

わたしが大切だと思うのは「らしさ」です。嘘のない、自分らしい経営をするのが一番です。

エール33

起きていることはすべていいこと

わたしの原点は、10歳のときに最愛の母が亡くなり、それから半年ほどして父が経営していたCM制作会社を清算したことです。

第三者的な視点で見ると、わたしの人生で最悪だったのはあのころです。母はいなくなり、父も家からいなくなりました。養ってくれていたおばあちゃんも生活費に困っていました。

しかし、あの状況があったからこそ、わたしは社長をめざしたのです。

あの状況があったからこそ、中学3年間、聖書しか読みませんでした。それで自分の価値観をつくることができたのです。

あの状況があったからこそ、ファミリーの笑顔の場所として「和民」を作ったのです。

あの状況があったからこそ、幾多の困難を乗り越えて今のワタミを育てました。

経営者としてのわたしは、あのときが原点です。当時は最悪の状況だと思いましたが、今振り返ればじつは一番いい状況だったかもしれない。そう思うと、起きていることはすべてベストだととらえられるようになりました。

今回のコロナショックで会社をたたまなければならないとしても、もしかしたら、人生でそれが一番いいことかもしれません。傾きかけた飲食店をつぶして再起したから、その後の大成功につながった、という未来があるかもしれない。何があってもそれが一番いいことだと思って前に一歩進んでいけば、本当にそれがいいことになるのです。

2020年夏に開催されるはずだったオリンピックを見込んで、インバウンドビジネスをしていた経営者は大ダメージを受けているはずです。

しかし、インバウンド頼みのビジネスモデルから脱却できるチャンスというとらえ方もできるのです。

人間万事塞翁が馬です。幸せが不幸に、不幸が幸せにいつ転じるかわかりません。長い時間軸で見ていくと、良いことは悪いことの始まりで、悪いことは良いことの始まりであったりするものです。

今、起きていることすべてがベストです。そう思って前に進めば、道は拓けます。

エール34

方法は無限大

ワタミ史上、最大のピンチだった「つぼ八」から居食屋「和民」への大転換を進めていたころを思い返して気づいたことがあります。

当時のわたしはさすがに乗り越えるのは困難だと思っていましたが、今振り返ってみると「こうすれば簡単だった」と思える出来事でした。

今、無理だと思っているのは、今までの自分の経験と知識では無理なだけなのです。もっと多くを経験している人から見れば、乗り越えられる方法がいくつもあって、大したピンチではないということがたくさんあります。

岡目八目ではありませんが、渦中にいると、見えなくなることも、少し距離を置いて、俯瞰して眺めてみると解決策が見えてくるものです。

今回逆境に立たされている経営者も、お店の最前線に立っていると見えなくなることがあるかもしれません。しかし、外から見たら「なんだ、こういう解決策があるな」「ここは1回引いたほうがいいな」と、判断できることもあるわけです。

自分を第三者の立場に置くと、多面的に物事を考えられます。すると、違った答えが出てきます。

答えを探すためには、考えつづけるしかありません。考えて考えて考え抜かなければ、アイデアは思い浮かびません。

考えるときのわたしには呪文があります。

「方法は無限大」

課題を解決する方法は1つではありません。いくらでもあります。考えるときのコツは、棚卸しすることです。

今、自分がもっているものはなんだろうか？

今、手元にある経営資源はなんだろうか？

今、手元にある資源を組み合わせたら、どんなことができるだろうか？

そんなふうにすでにあるものを棚卸しして、再構築するのです。わたしの癖でもあります。「こんな工場がある」「こんな社員がいる」「こんな農場もある」。だから、もしかしたらこの農場とこの人を使ったら、こんな世界をつくれるのではないか。

そんなことをいつも考えています。

次の手を考えるとき、真新しいものをつくろうとする人がいます。ところが、真新しいものを生み出そうとすればするほどわからなくなるものです。経験がないからです。わたしは、自分の手元に今あるものから発想するようにしています。

もう1つ、思考の三原則「長期的視点・多面的視点・全体的視点」も大事にしています。

時間軸を長くしたらどうなのか。いろんな側面から見たらどうなるのか。全体を俯瞰するとどうなのか。この3つは意識しています。

「ちょっとすごいこと考えたわ」

「面白いこと考えたわ」

わたしのまわりの人間によると、わたしは口癖のようにいつもそう言っているようです。

エール35

だからこそ、できること

わたしはニッポン放送で「渡邉美樹　5年後の夢を語ろう！」というラジオ番組を長く続けています。ゲストとしてお越しくださった書道家の武田双雲さんが、逆境のときに「だからこそ、できること」という言葉をおまじないのように振りかけると話されました。

不況で大変、だからこそ、できること。

営業を止めなければいけない、だからこそ、できること。

これは起こったすべてのことを前提として受け入れるということです。そのうえで、「だからこそ、できること」というフレーズとともに一歩前へ踏み出す。

今のワタミは、人材派遣会社を新たに設立して、ワタミの6次産業モデルに適した職場にスタッフを派遣しようとしています。これは今、ワタミ「だからこそ、できる」インターンシップです。

平時はお店の運営で忙しく、ワタミモデルは研修でしか学びません。環境や自然エネルギーの会社に派遣された社員は、ワタミモデルを学ぶ格好の機会になります。

エール36

経営者は孤独でしか成長しない

自分で判断し、自分で責任をもち、自分で前へ進む。これが経営者です。経営者は孤独です。どこまでいっても孤独です。わたしは人と群れません。もし経営者同士で群れて慰め合うとしたら、1人山に登っていたほうがはるかに有意義だと感じます。

その根本にあるのが、人間は成長するために生まれてきたという考えです。わたしは群れると成長しないと思っています。

人間は孤独でしか成長しない。

わたし自身の生きる目的は「ありがとう」をもらって成長すること。夢を追い、「ありがとう」をもらって成長するというのがわたしの基本的なスタンスです。これをもとにワタミが作られています。

そもそも、わたしは子どものころからまわりに相談しなかったようです。父がよく言っていましたが、日本一周するときも、北半球一周の旅に出るときも、ワタミを起業するときも、誰にも相談しなかったらしいです。父は晩年、「お前は本当に誰にも相談しない男だな」とこぼしていました。

今も誰にも相談しません。妻にも仕事のことは何も相談しません。

経営者によっては家で仕事の話をする人もいるでしょう。それは人それぞれです。

ただ、家であれ職場であれ弱音は吐かないほうがいい。1回弱音を吐いてしまうと、友達にも吐き、最後は部下にも吐いてしまいます。

だから、誰にも弱音は吐かないほうがいい。


ただし、経営相談は、先輩経営者らに大いにすればいいでしょう。わたし自身もたとえばワタミをゼロから東証一部に上場させた経験のなかで、「上場したければ、こういうことに気をつけておいたほうがいい」「株式はどういう配分にするのか」という具体的なアドバイスはできます。

「渡美塾（渡邉美樹実践経営塾）」では中小企業経営者の相談に乗っています。すでに経験している人からノウハウを吸収すれば、しなくていい失敗を予防できます。

エール37

気力＝体力

緊急事態宣言の期間中は移動を自粛していたため、2020年7月、半年ぶりに屋久島の宮之浦岳に登ることになりました。

屋久島から「やっと登れますよ」と連絡があったとき、わたしの頭をよぎったのは「大変だな」という思いです。標高2000メートル近い宮之浦岳の山頂は往復6時間ほどかかります。「大変だな」と思っている自分に対して、もう1人の自分が「バカ言ってんじゃないよ。何を、お前、負けてんの」と突っ込みを入れていて、自分でおかしくなりました。

ひるんだときは肚の下にフッと気を入れればいいのです。気を入れて登ると心に決めればそれですむことです。

一方で、「別に誰かに頼まれているわけではないし、なんでそんなにつらい思いをしなきゃいけないの？」という気持ちがどこかにあるのも確かです。山に登ろうという気力と、山を登り切る体力。これはイコールです。心が萎えると運動できなくなります。運動するということは、心が萎えていない証です。

運動すれば、体力がついて、気力もみなぎる。気力があれば、運動する。なんでもそうですが、良い回転と悪い回転があり、どう良い回転を保つかが大切です。
気力と体力はまったく一緒なのです。

だから、経営者にとって、十分な睡眠時間や適度な運動は絶対に必要です。体力がなければ、気力が萎えるからです。わたしは自分の手帳に戒めとして書いたのですが、お酒を飲みすぎては絶対にいけません。飲みすぎると、翌日必ず体にダメージがある。朝は心も体も万全な状態で目覚めなければいけません。そうしないと、1日戦えません。逆境のときはなおさらです。
わたしは88歳まで経営者でありつづけるとともに、宮之浦岳に登るつもりです。

一方で、わたしのもう1つの人生観として、自分の自由意思通りにならないことがあるとも思っています。人間の運命は手に負えないもの。神様に88歳まで経営者をさせてくださいとお願いしているだけです。さすがに99歳までは、神様に申し訳ない。88歳なら許してくれるかな、と思って目標にしています。

エール38

運が逃げるのは自分の責任

わたしはいつも運を意識しています。今日までこうやって仕事できているのは運がよかったからです。99%は運かもしれないと思うほどです。運は大きい。

しかし、運はコントロールできません。運が向いたときはありがたいと思いますが、運が逃げていくときは大体自分の責任です。原理原則を外したり、努力を怠ったり、うぬぼれたり、嘘をついたり、嫉妬したり。そういうときに運は逃げます。

運には感謝です。感謝しないと次の運はきません。運を呼び込もうと努力はしていますが、それは神様の領域。見えないものを畏れる心がないと道を間違えます。

「お天道さまが見ている」

この感覚が、運を逃がさないためにはとても大事です。

コロナショックは逆境です。そのとき、「なんてツイてないんだ」と思ったら、運が逃げていきます。現状を前提として、国やコロナのせいにせず、前に進んでいる姿を見て、神様は「よし、こいつを応援してやろう」と思ってくれるのではないでしょうか。

運を使って、このコロナを乗り越えてもらいたい。そのためには、すべてに感謝して、すべてを前提として受け入れて戦ってください。

エール39

限界は自分が決める

限界は自分が決めるものです。誰かに決められるものではありません。限界というのは、たいてい限界ではない。なぜなら人間は自分に一番優しいからです。

だからわたしは「がんばりました」と言う部下には「そうか。じゃあ、あと一歩進みなよ」と言いつづけてきました。限界から一歩進もうと思えたら、終わりはない。限界だと思っても、「もしかしたら、まだ行けるな」と一歩踏み出す。

一歩、また一歩、また一歩。限界から一歩進めるということは進みつづけるということです。止まらないということです。

コロナショックを機にコスト構造を見直している会社が多いでしょう。幹部から「これ以上削るものはないです。限界です」と言われることもあるはずです。わたしも役員たちからそう言われました。

たとえば「かみむら牧場」の業態開発のとき、「生産性を極限まで高めました。もうこれ以上は限界です」という話が担当者から上がってきました。

そこで自動配膳機の導入を計画しています。ロボットを走らせて、配膳をすべてやらせることで、５人を４人、４人を３人にして、３人が限界ですというなら、３人を２人にするのではなく、いったんゼロにして考える。

今まで当たり前だったことを当たり前でなくすればいいだけです。

もしあなたが創業社長なら、ゼロから会社をつくってきたはずです。ゼロから今の会社をつくり上げてきた経験があるわけです。

もう一度原点に戻って、頭の中でもいいからゼロから組み立て直してみればいい。

そうすれば、また新しい発見があるはずです。

エール40

夢に日付を2020

ワタミは過去に三度の危機がありましたが、夢があるから立ち上がれました。
あなたにもぜひ、もう一度、自分の夢は何かを考えてもらいたいのです。
どんな夢でもかまいません。「フェラーリに乗りたい」でもいい。その夢に向かって進んでいけばいいのです。できれば「社員と一緒にこんな会社をつくっていく」という夢を描いてほしい。

今、厳しい状況に追い込まれている経営者が多いでしょう。それでも、5年後の夢を描けば、気力が湧いてきます。闘争心が湧いてきます。それに向かって限界を決めず、一歩一歩進んでいってください。

仮に会社をつぶさなければならない状況だったとしても、5年後にもう一度会社をつくるという夢を描けばいいだけの話です。

5年あればたいがいのことはできます。立ち上がれます。

逆に、無理して会社を存続させて、5年間ほとんど利益が出ないような低迷した状況を続けるくらいなら、いったんたたんで再出発したほうがいい状態でスタートできる可能性もあるのです。

逆境に立たされている人こそ、２０２５年の自分や自分の会社の姿を描いてほしい。わたし自身、会社がつぶれそうになって苦しいときに、30年計画を立てました。苦しいときこそ未来を描くべきです。そうすることで自分を励ませます。

コロナショックを受けて、中期経営計画を修正しようと考えるのが普通だと思います。本当に修正しなければならないのか。もう一度すべて洗い直してみてください。「今期はこれだけ赤字になるけれど、来期はいける」という絵を描けるなら、中期計画を修正せずに無我夢中で進んでいくことです。

わたしも中期計画を一度すべてシミュレーションして見直してみて、変えないと判断しました。

それでは大きな夢だけを見ていればいいのでしょうか。違います。今日の小さな現実に、どこまでトドメを刺せるか。この一つひとつが夢の実現へとつながっていくのです。

わたしは移動中、繰り返し繰り返し手帳をめくります。描いた夢に向かってうまくいっているのか、１日に何度も確認します。

３年後、５年後、10年後を１日に何度もイメージします。

わたしの最大の能力は、イメージすることかもしれません。将来が絵で見えます。道筋が自分の中で明確になっていると、カラーで未来像が見えるのです。カラーで描いていって、「大丈夫、大丈夫、大丈夫」と念を押していきます。

これから世界に打って出る「かみむら牧場」が広がっていくのは、もうカラーで見えています。

未来を思い浮かべていて、カラーで見えなくなることがあります。ということは、計画が詰め切れていないということ。そのときは「ここが足りない」と、すぐに手を打ちます。

20年ほど前の２０００年、香港のホテルから夜景を眺めながら、「いずれあそこにワタミの看板を立てるよ。もう場所も決めてるんだ」とつぶやいたことがあります。

そのときは2020年にそこに看板を立てようと思っていました。

この夢はまだ叶っていませんが、今ようやく実現できるという確信をもてるようになりました。世界に「かみむら牧場」を500店舗出せば、十分にできるでしょう。思いつづけていれば、人生がその方向に知らないうちに軌道修正されていきます。


わたしは「夢に日付を」と言いつづけてきました。

夢は見るのではなく、実現させるものです。

コロナショックで逆境に立たされている今だからこそ、夢を描いて、それを実現する日付を入れて、今日の行動を変えていってほしい。


そして、ぜひ夢を実現してください。

エール31
逆境だからこそ、原点

企業の原点は理念。創業時の思いに立ち返って大胆に変化する。

エール32
自分の器は自分で決める

「らしさ」を忘れず、嘘のない、自分らしい経営をする。

エール33
起きていることは、すべていいこと

何が起こっても、それが一番いいことだと思って前に一歩進めば、本当にいいことになっていく。

エール34
方法は無限大

長期的視点・多面的視点・全体的視点で考える。今、無理だと思っているのは、今までの自分の経験と知識では無理なだけ。

エール35

だからこそ、できること

起こったことはすべてを前提にする。だからこそ、できることで一歩前へ踏み出す。

エール36

経営者は孤独でしか成長しない

経営者はどこまでいっても孤独。誰にも弱音は吐かないほうがいい。

エール37

気力＝体力

気力と体力はまったく一緒。心も体も万全な状態を保つために、十分な睡眠時間と適度な運動は絶対に必要。

エール38

運が逃げるのは自分の責任

すべてに感謝し、前提として受け入れて、前に進もうとする姿に運は呼び込まれる。

エール39
限界は自分が決める
限界から一歩進むぐらいでちょうどいい案配。

エール40
夢に日付を2020
夢があるから立ち上がれる。逆境のときこそ、カラーで未来を思い描く。

5章

日本経済の先行きに10の警鐘

エール41

経営の問題はすべて経営者自らが解決する

2013年、「財政再建」「中小企業を元気にする」「原発ゼロ」の3つを成し遂げるために、国政の道に進むことを決意しました。

日本の黒字企業率は、バブルが崩壊した1990年の50%を境に下降し始め、以来、30%前後の低空飛行を続けています。つまり、日本の3分の2の企業が赤字であり、税金を払っていないのです。

商売をしていれば、道路などの社会インフラは必ず使用します。そうした社会インフラを使う前提は、税金を納めることのはずです。それにもかかわらず、税金すら払えない企業がさまざまな補助金を利用することができる。この国は企業に甘すぎる。政治に足りないのは経営力だ。そう確信をもって、中小企業支援政策の問題を国会で繰り返し主張しました。

中小企業を支援する組織は乱立していますが、それらは必ずしも機能していません。たとえば、国は中小企業の経営相談所として『よろず支援拠点』を全都道府県に設置しました。企業は何度でも無料で相談できます。

しかし、大切なのは「誰がその相談を受けるか」です。中小企業庁は「さまざまな分野の専門家がどんな相談でも受ける」と声高にアピールしています。しかし、30年の経営経験から言えば、中小企業の指導に必要なのは、マーケティングや販売管理や生産管理といった分野別専門家よりも、企業のビジネスモデルそのものを評価・判断・指導できる本物の経営者です。

企業は、売上高が3億円、10億円、30億円、100億円と成長するに従い、まったく違う組織に生まれ変わります。企業のステージによって打つべき施策は異なります。「本物の起業家を全国のよろず支援拠点のリーダーにするべき」と国会議員の6年間、言いつづけましたが聞く耳をもたれませんでした。

「行政事業レビュー」という仕組みがあるのをご存知でしょうか。外部有識者が各省庁の事業の有効性をチェックする仕組みです。その行政事業レビューで『よろず支援拠点』は6人の外部有識者のうち1人が「廃止」、3人が「事業全体の抜本的な改善」、2人が「事業の一部改善」という評価を下しました。「現状どおり」や「本事業を強力に推進すべき」と評価した外部有識者は一人もいません。『よろず支援拠点』の有効性が疑われているにもかかわらず、政府はコロナ対策を目的とした令和二年度第二次補正予算に『よろず支援拠点の強化』を打ち出しました。コロナに苦しむ中小企業に本気で寄り添おうとしているとはとても思えません。

政治家としての6年間で、このような事例を数えきれないほど見てきました。今の日本の政治と行政には、スピードとPDCAが著しく欠落しています。国会で、黒字企業率が30%台に低迷していることを経済産業大臣に追及したとき、「我々の中小企業支援政策がなければ、黒字企業率はもっと低かったことだろう」と開き直られました。経営者は政府に期待してはいけません。経営の問題は、経営者自らが解決するしかないのです。

エール42

新しい生活様式に今から手を打つ

政府は新型コロナウイルスの感染拡大を防ぐため、「新しい生活様式」を発表しました。食事では、持ち帰りや出前、デリバリーを推奨しています。働き方では、テレワークやローテーション勤務、オンライン会議を推奨しています。「新しい生活様式」の是非はともかく、経営者として認識しなければならないのは、変わってしまった生活習慣はもう元には戻らない、ということです。

株式会社ぐるなびが２０２０年5月21日に発表した「飲食店のテイクアウトに関する調査レポート」によると、「直近1ヵ月より前と比較して飲食店でのテイクアウト需要は増えましたか?」という質問に対して40.1%が「増えた」と回答しています。この「直近1ヵ月」には、緊急事態宣言の期間中も含まれており、不要不急の外出が規制されていた状況下では当然の結果です。

注目すべきは、「あなたは今後、飲食店でのテイクアウト利用が増えると思いますか？」という問いに対して、32・4％が「増えそう」と回答していることです。その理由について「テイクアウトの選択肢が増え、選ぶ楽しみがある」「行ったことのないお店の料理もテイクアウトで楽しめる」など、外食を自粛するためのテイクアウトという消去法的な考え方ではなく、テイクアウトの新しい楽しみ方を消費者が発見したのです。

また、同調査レポートでは、「テイクアウトを利用する際に重視することは？」という質問に対して、直近1ヵ月では、1位「自宅の近所」、2位「価格が安い」、3位「行きつけのお店」でした。ところが、今後については、2位に「自宅ではなかなか作れない料理」となっています。ここからも、消費者のテイクアウト需要の変化が読み取れます。

テイクアウトだけではありません。緊急事態宣言が発令されるかどうかという時期には、即席めんなど、保存がきいて調理に手間のかからない食品の売上が伸びました。しかし、その後、緊急事態宣言が発令されてから、お菓子の材料など、調理に手間のかかる材料の販売が伸びました。外出を自粛しているなかで、自宅で手間のかかる料理に挑戦する世帯が増えたのです。そうした習慣はコロナが終息したあとも、すぐになくなることはないでしょう。

働き方も同様です。リモート勤務で業務を滞りなくこなせることに気づいた企業や従業員の一部は、リモート勤務をコロナ終息後も続けることでしょう。コロナをきっかけに、東京一極集中から逆転し、地方へ人が流れると予測する専門家もいます。

「アフターコロナ」という言葉をよく目にするようになりました。コロナ感染が終息しても、人々の生活習慣、経済活動は元には戻りません。経営者は「アフターコロナ」の変化を予測し、ビジネスモデルの転換をしなければなりません。

エール43

日本の財政状況にアンテナを立てる

第3章でも触れましたが、ワタミが『から揚げの天才』や『かみむら牧場』を立ち上げる準備をしていたのは、コロナ感染が始まるずっと前からです。日本の財政破綻を想定した準備がコロナ対策としてはまりました。

コロナに苦しむ経営者の皆さんに伝えたいのは、コロナが終息したあとに、日本の財政に起因する未曽有の危機が訪れるかもしれない、ということです。

日本の令和二年度一般会計予算の歳入・歳出は102・7兆円です。歳入のうち、約32％、つまり3分の1は、公債金（借金）で賄われています。家計に置き換えれば、年間の生活費として1000万円使っているのに、収入は660万円しかなくて、340万円を借金で賄っている状態です。それが毎年続いているのです。

さらに、コロナ対策として第一次補正予算で25・7兆円、第二次補正予算で31・9兆円が上乗せされ、当初予算102・7兆円と合わせて約160兆円の歳出となりました。一方、歳入は経済低迷によって税収が大幅に低減することは間違いありません。借金はさらに増えます。

日本の債務残高はすでに1000兆円を超えており、対GDP比で240％に迫ろうかという勢いです。欧米の先進国と比べると、つねに財政が懸念されているイタリアでさえ134％、米国は108％、ドイツに至っては56％ですから、日本の借金がどれだけ異常値かはご理解いただけるでしょう（IMF“World Economic Outlook”［2019年10月］による2020年推計値）。

日本の借金がこれほど膨れ上がった理由のひとつが、少子高齢化です。1990年に11・6兆円だった社会保障費は、2020年予算では35・9兆円にまで膨れ上がりました。ところが、バブル崩壊後の失われた30年によって税収は低迷し、そのあいだ、足りない分を借金で賄ってきました。

日本の財政法4条1項には「国の歳出は、公債又は借入金以外の歳入を以て、その財源としなければならない」とあります。つまり、歳出は税収などの範囲内におさめることを原則としているのです。

ただし、財政法の同条1項但言には「公共事業費、出資金及び貸付金の財源については、国会の議決を経た金額の範囲内で、公債を発行し又は借入金をなすことができる」さらに同条3項には「公共事業費の範囲については、毎会計年度、国会の議決を経なければならない」とあります。道路や橋などの公共事業費は、将来の世代にも寄与するので、そのための借金は良いですよ、と定めているのです。

この公共事業費のための借金を建設公債と呼びます。2020年度の予算では、建設公債は7・1兆円です。しかし、2020年度予算の公債金（借金）は32・6兆円です。建設公債を差し引いた25・4兆円は一体、なんでしょうか。

これを特例公債と呼びます。別名、赤字国債です。本来、赤字国債は財政法4条により発行できません。しかし、税収だけでは社会保障費などを捻出できません。そこで政府は「赤字国債を発行できますよ」という特例公債法を定めたのです。

事実上、財政法4条は骨抜きになりました。それでも特例公債法を定めた当初は、特例公債法は1年限りのものでした。しかし、2012年には4年間、2016年には5年間、赤字国債の発行が自動的に認められることになりました。

こうして、国の借金は雪だるま式に膨れ上がり、気づけば、世界で類を見ない借金大国になってしまったのです。

膨らみつづける社会保障費のあり方を抜本的に見直し、プライマリーバランスを黒字化して借金に頼らないようにする。今の政治家は、その責務を放棄しているとしか思えません。

この危機感を共有するために、わたしは国の借金の状況が一目でわかる『財政時計』を東京駅など全国の主要ターミナル駅に設置することを本気で提案したこともありました。

エール44 未来へ紡ぐ経営を

国会議員時代も今も、わたしは財政再建が急務であるとのスタンスを変えていません。同じ危機感をもっておられたのが、かつて米国モルガン銀行で「伝説のディーラー」と呼ばれた藤巻健史氏です。藤巻氏とは所属会派は違ったものの、同じ２０１３年から2019年まで参議院議員を務めた政治家として、経済・民間の視点で政治を見るという点で、その政治的主張の多くは共通していました。

一方で、国政の場には、わたしや藤巻さんとはまったく逆の主張、「財政再建不要」「もっと財政出動を」と声高に叫ぶ国会議員が少なくありません。彼らの主張の根拠になっているのがMMT（Modern Monetary Theory）と呼ばれる理論です。提唱者は、ニューヨーク州立大学のステファニー・ケルトン教授らで、「現代貨幣理論」とも呼ばれています。

「中央銀行を持ち、自国通貨を持つ国は、破産することはない。なぜなら、どんどんお札を刷ればいいのだから」という極めて乱暴な理論です。

でも、そんなうまい話があるわけはありません。子どもでもわかることです。世界的な投資家であるジム・ロジャーズ氏は、『危機の時代　伝説の投資家が語る経済とマネーの未来』（日経BP社、2020年）のなかで、「MMTはただで食事を配るような考え方だ。（中略）いつか誰かがそのツケを支払わなければならない」「仕事に行かないで、毎晩クラブに行って異性と遊んで、お金をたくさん使い、日本のとびきりのウイスキーを買う。そんなことがあっていいのか」と述べています。

わたしもそう思います。誰でもそう思うはずです。日銀が円をどんどん刷ってそれを国が使いたい放題使って問題ないなら、消費税も法人税も住民税も必要ないはずです。

国会議員がなぜこの理論に飛びつくのかというと、政府がそれを実行すれば公共事業の予算が増え、国会議員は自分の成果として地元の有権者にアピールできるからです。

しかし、借金はいつか誰かが返さなければなりません。当たり前のことです。経営者たるもの、そんな都合の良い理論に振り回されてはいけません。未来の子どもたちにそのツケを押し付けてはならないのです。

エール45

円安とハイパーインフレに備える

ＭＭＴは、じつはすでに日本で事実上、実行されつつあると言われています。異次元の金融緩和と称して、日銀は国債を買いつづけているのです。２０２０年、日銀の国債保有残高はついに５００兆円を超えました。日本のＧＤＰに匹敵する国債を日銀は保有しているのです。

本来、中央銀行が通貨を発行して国債を直接引き受けることは「財政ファイナンス」と呼ばれ、どの国でも禁止されています。日本の財政法5条でも「すべて、公債の発行については、日本銀行にこれを引き受けさせ（中略）てはならない」と、財政ファイナンスを明確に禁じています。したがって、麻生財務大臣も、日銀の黒田総裁も、「財政ファイナンスはしていない」と言い張ります。

しかし、それは詭弁です。一度民間の金融機関が購入した国債を日銀が買い戻しているので「直接引き受けていない」と言っているだけで、事実上、財政ファイナンスであることは誰が見ても明らかです。

なぜ、各国は財政ファイナンスを禁止しているのでしょうか？　それは、過去に財政ファイナンスをおこなった国がハイパーインフレを引き起こしているからです。中央銀行が通貨をどんどん発行すると、当然、市場にはお金がたくさん流通し、相対的に物価は上昇し、自国通貨の価値は暴落します。一度急激なインフレが始まると、その流れを止めることは至難の業です。

日本同様、プライマリーバランスの赤字が続き、政府債務残高が増えつづけているアルゼンチンは、２０１９年の年間インフレ率が53・８％でした。コンビニで１００円だったおにぎりが、翌年は１５４円になっていたことになります。ハイパーインフレとまではいきませんが、すべての物価がたった1年で１・5倍になったら、国民生活にどれだけの影響が出るかは、おわかりいただけると思います。

インフレは当然、為替と無関係ではありません。アルゼンチンペソは、２０１７年1月に1ペソ０・０６３米ドルでしたが、２０２０年1月には０・０１７米ドルとなりました。対米ドルで、3年間でアルゼンチンペソの価値は約4分の1になってしまったのです。日本に置き換えれば、1米ドル100円が、3年間で1米ドル400円になるようなものです。

日本が財政をこのまま放置すれば、いずれ、アルゼンチンのように、過度のインフレや円安になります。元々そうなる予兆はありましたが、今回のコロナ禍によって、その確率はさらに高まったと言えるでしょう。

さわかみ投信の澤上篤人氏は、その名も『世界経済はもっと荒れるぞ、そして超インフレだ』（明日香出版社、2020年）という書籍名が示すとおり、「インフレ到来は必定」と言い切り、「ハイパーインフレと呼ぶかどうかは別として、相当にひどい状態にまで行ってしまう可能性が高い」と警鐘を鳴らしています。

2019年9月、日経新聞に「バークシャー、初の円建て債4300億円　海外企業で最大」という見出しの記事が掲載されました。ウォーレン・バフェット氏率いる投資会社「バークシャー・ハサウェイ」がはじめて円建て社債を発行し、海外企業では過去最大となる約4300億円を調達したのです。

バークシャーは、円でお金を借り、ドルで外国企業に投資するため、社債償還時、円が高くなっていれば損をします。バフェット氏は円安を見越しているのです。

経営者は、来たるべきインフレと円安に備えなければなりません。

エール46 外貨資産をつくる

経営者の皆さんには、会社としても、個人としても、円安に備えるために外貨を持つことをお勧めします。前述のジム・ロジャーズ氏も米ドルを増やしていると述べています。

わたしが代表理事を務める公益財団法人School Aid Japan（以下、SAJ）は、カンボジアで孤児院を運営しています。また、SAJ独自の奨学金制度で、多くの学生が大学で学んでいます。

ＳＡＪは、多くの方々からの寄付で運営されています。しかし、もし日本が破綻し、寄付が入らなくなり、円建ての預金が紙くずと化したら、孤児院の子どもたちは住む家を失い、学生たちは大学で学びつづけることができません。わたしはＳＡＪにも一定金額以上の米ドルをもつよう指示しています。

ワタミのフランチャイズオーナーにも同様に、今回のコロナ対策で金融機関から融資を受けられるのであれば、借りられるだけ借りてドル建てで預金することを勧めています。

エール47

輸出を意識する

円安は必ずしも悪ではありません。元々自動車などの輸出産業で経済成長してきた日本にとって、円安は経済活性化の起爆剤になります。

これまでほとんど輸出できなかった商品も、円安で輸出できるようになります。たとえば、日本の農産物は世界的に極めて高い評価を得ています。

国会議員時代、日本・メコン地域諸国友好議員連盟を立ち上げてラオスを訪れたとき、開店したばかりの高級スーパーマーケットを視察しました。そこでは日本の福岡産のいちご『あまおう』が1パック3700円で販売され、飛ぶように売れていました。

円安が進行し、円の価値が半分になれば、海外の事業者は日本の農産物を事実上、これまでの半値で仕入れることができます。これまで「高い」といって敬遠されてきた日本の農産物は一気に海外マーケットに攻め込むチャンスとなるのです。

日本の農業の生産性はまだまだ決して高くはありません。しかし、企業が農業に参入し、大規模化、IT化、6次産業化などで生産性を向上させる余地は大いにありま す。生産性を向上させつつ円安になれば、一気に大チャンスが生まれるのです。

もちろん、これは農業だけに言えることではありません。経営者は円安を想定して「これから海外で売れるものは何か」という視点を持ってください。

エール48

海外拠点を考える

海外への輸出だけでなく、海外に進出して拠点を設けることも有効です。円安が進行すれば、日本からの仕入れで有利なうえに、現地で生み出した利益は日本円に換金すると大きくなります。

しかし、それ以上に大きいのは、海外のマーケット拡大です。新興国や開発途上国の中間所得層はこれから爆発的に増えます。中国はそう遠くない時期に米国のGDPを抜き、世界一の経済大国になることは間違いありません。

中国を追いかけるのはインドです。経済の大きさは労働力人口に比例します。2020年現在、中国の人口は世界1位で14・4億人、インドは世界2位で13・8億人です。世界3位の米国の3・3億人とは大きな開きがあります。インドネシア、ナイジェリア、ブラジル、メキシコなどもこれから人口増と合わせて経済も急成長することでしょう。

一方で、日本の人口は減少する一方です。現在、1・3億人ですが、2060年には8000万人台まで減少すると予測されています。日本国内にとどまっていてはじり貧になるのは目に見えています。経営者にとって海外進出も重要な選択肢のひとつです。

エール49 国内の生産者と付き合う

原料や部品を海外からの輸入に頼っている企業にとっては、円安は死活問題です。そのような企業は、今から調達先を見直して、円安に備える必要があります。海外から仕入れるのはコスト面の理由が大きいでしょう。

しかし、円安になれば、海外製品の価格優位性は薄れます。それであれば、国内の生産者との取引を今から準備する必要があります。

わたしが代表理事を務める公益財団法人Ｓａｖｅ Ｅａｒｔｈ Ｆｏｕｎｄａｔｉｏｎは森林再生事業をやっています。日本の林業は今、壊滅状態です。戦後の復興期に木材が慢性的に足りなくなり、国は成長が早くて価値の高い針葉樹の人工林を急激に増やす政策を推進しました。

しかし、木材輸入の完全自由化により、国産木材よりも圧倒的に安い輸入木材が流通し、今では国産木材は木材供給量の３分の１程度しかありません。しかし、円安によって、国産木材の価格優位性は一気に高まります。

木材に限らず、これまで外国製の安価な商品に市場を奪われていた品目は、円安によって国産が息を吹き返すのです。

エール50

経営力が日本を救う

日本の財政再建の先行きは明るくありません。そこに、今回のコロナ禍が起こりました。しかし、ピンチはチャンスでもあります。コロナ後の日本と世界の経済を予測し、人々の生活習慣の変化を予測し、社会の変化を予測する。予測に基づき、ビジネスモデルを再構築する。損益分岐点を下げて、少ない売上でも利益を出せる筋肉質な企業体質にする。マーケットが縮小したとしても、同業他社が先に撤退したら、マーケットは必ず残ります。そこには大きなビジネスチャンスがあるのです。

残念ながら、わたしは国会議員として「財政再建」「中小企業を元気にする」「原発ゼロ」のどれも実現することはできませんでした。

しかし、いまも日本の財政の危機的状況を書籍やラジオや新聞やメルマガなどで発信しつづけています。ハイパーインフレや円安に事前に備える人が1人でも増え、同時に、そういう視点を持って政治家を評価し、選挙で投票する人が1人でも増えてくれればと願っています。

「原発ゼロ」は実現できませんでしたが、ワタミグループは、事業活動で消費する電力を100％再生可能エネルギーで調達することを目標に掲げる「RE100」に加盟しました。外食業界からの加盟は世界初です。

また、風力、太陽光などで発電した再生可能エネルギーの販売や、地域電力会社の立ち上げを支援して電力の地産地消にも取り組んでいます。再生可能エネルギーのビジネスモデルを示し、それを広げることで「原発ゼロ」の実現を民間の立場で推進していきます。

ワタミは今、小さい本社をめざしています。本社の人員を最小化すれば、本社に空きスペースが生まれます。その空きスペースを使って、わたしは起業を志す人たちを支援するインキュベーションセンターを立ち上げようと動き始めています。

また、『渡美塾(わたみ)』という経営者向けの経営塾を2017年より開校してきましたが、この内容を全面的に刷新し、定員もこれまでの30名から100名に拡大します。現在、「から揚げの天才」などの業態でフランチャイズを積極的に拡大していますが、フランチャイズオーナーにはこの『渡美塾』に参加してもらおうと思っています。

これらの取り組みはすべて、「起業家・経営者を育成する」という目的です。政治家として「中小企業を元気にする」ことはできませんでしたが、これからは日本全国の中小企業・零細企業・ベンチャー企業の経営者を元気にしていきたいと思っています。

コロナという未曽有の危機に、そして、今直面している日本の財政破綻という危機に、私たち経営者ができることは「経営力」をもって従業員とその家族の生活を守り、地域の経済、日本の経済を支えることです。

わたしも今現在、闘っています。そのような「氣」をもって、この未曽有の危機を一緒に乗り越えていきましょう。

エール41
経営の問題はすべて経営者自らが解決する

政府をあてにせず、自らがすべてを解決する前提をもつ。

エール42
新しい生活様式に今から手を打つ

「アフターコロナ」を予測し、対応するビジネスモデルを構築する。

エール43
日本の財政状況にアンテナを立てる

コロナが終息したあとでも生き残るために、日本の財政破綻リスクへの注視を怠らない。

エール44
未来へ紡ぐ経営を

借金はいつか誰かが返さなければならない。次世代へツケを回さない経営をする。

エール45
円安とハイパーインフレに備える
来たるべきインフレと円安に備えた手を打つ。

エール46
外貨資産をつくる
円建ての預金が崩れるリスクがある。いざという時のためにドル建てで預金する。

エール47
輸出を意識する
円安で輸出業は活性化する。海外で売れる商材探しをする。

エール48
海外拠点を考える
マーケット拡大を狙って、成長する他国に拠点をもつ選択肢を。

エール49
国内の生産者と付き合う

円安に備えて、国内にも有力な調達先をつくっておく。

エール50
経営力が日本を救う

ピンチはチャンス。経営力によって日本の経済を支えることができる。

おわりに

サントリー創業者の鳥井信治郎さんのブレーンで、同社宣伝部の礎をつくった芥川賞作家の開高健さんは「もしも明日世界が終わるなら、私は今日リンゴの木を植えるだろう」というマルティン・ルターの言葉を好んだという。

和民1号店を出して間もないころ、「僕が日本でいちばん、サントリービールを売ります」そんな威勢のいいことを、現在のサントリーホールディングス会長・佐治信忠さんに言った。

その夢宣言は、和民の出店攻勢で、後日現実のものとなった。

今、飲食業界は威勢のいい「夢宣言」が言えるような状況ではない。

しかしそれでも、リンゴの木を植えなければ、リンゴの果実は得られない。

緊急事態宣言の最中、三密を避け千葉県山武市で森林再生を手掛ける、ワタミの森を訪れた。３人の孫の数にあわせて、「３本の木」を植えた。２０２０年は世界にとって、未曽有の危機として歴史に刻まれる。

しかし、そんな年に植えた木も、いずれ年月を重ね立派な大木となる日がくるだろう。

まだまだコロナの明日が不確実な中で書いた「逆境の経営論」だが、これからも、長い歴史や、人生のなかで、逆境は必ず訪れる。そうしたときにも、本書をめくって欲しい。

未来、私とワタミはこのコロナの逆境を乗り切っているであろう。それが何より、この本の信頼になるだろう。

新型コロナ関連の取材を受けるなかで、いくつか本の出版の企画をいただいた。多忙を理由に躊躇するなかアチーブメント株式会社の青木仁志社長の「あなたの言葉で全国の経営者を助けてあげてください」という言葉は、胸に刺さった。「なんのために書くのか」その一点は、青木社長の言葉をもとに、ブレずに書き上げた。

ライターの山口慎治さんの理解と協力で、短期間で「私の言葉」を形にする本ができた。お二人をはじめ本書にかかわってくださった方々に心から感謝を申し上げたい。

最後に、「美日（みはる）」「風美環（ふみか）」「美月（みつき）」最愛の3人の孫がいつかこの本を手にとる日に……。

「人生には逆境がある。私にも何度も逆境があった。だからこそ、逆境の時に植えた木にも、逆境の時に記した本にも、大きな意味がある」

そのことが、伝わりますように……。

2020年8月　酷暑のワタミ本社会長室にて

渡邉美樹

参考文献

『世界経済はもっと荒れるぞ、そして超インフレだ』澤上篤人著、明日香出版社、2020年
『危機の時代　伝説の投資家が語る経済とマネーの未来』ジム・ロジャーズ著、日経BP、2020年
『ジム・ロジャーズ　大予測　激変する世界の見方』ジム・ロジャーズ著、花輪陽子、アレックス・南レッドヘッド訳、東洋経済新報社、2020年
『日本・破綻寸前　自分のお金はこうして守れ！』藤巻健史著、幻冬舎、2020年

著者プロフィール

渡邉 美樹（わたなべ・みき）
ワタミ株式会社代表取締役会長兼グループCEO
元参議院議員

ワタミグループ創業者。「地球上で一番たくさんのありがとうを集めるグループになろう」という理念のもと、外食・介護・宅食・農業・環境等の事業を展開し、「独自の６次産業モデル」を構築。実名企業小説「青年社長 上･下」「新青年社長 上･下」（高杉良著）の実在モデルでもある。

「学校法人郁文館夢学園」理事長兼校長として教育者の顔も持つ。

「公益財団法人School Aid Japan」代表理事としてカンボジア・ネパール・バングラデシュでの学校建設（308校）や孤児院を運営。「公益財団法人みんなの夢をかなえる会」代表理事として、実践経営塾「渡美塾」や、日本最大級のソーシャルイベント「みんなの夢アワード」を主宰。「公益財団法人Save EarthFoundation」代表理事としては、森林再生やゴミのリサイクルループなど持続可能な循環型社会づくりに取り組む。

2011年、東京都知事選に立候補し101万票を獲得。

同年６月より、岩手県陸前高田市参与（震災復興支援）に就任。

2013年、参議院選挙（全国比例区）において、104,176票を獲得し当選。

財政再建と脱原発をはじめ、経営者の視点で政策提言をつづけ、「外交防衛委員長」も務めた。

2019年７月、参議院議員を任期満了で退任。ワタミ株式会社に経営復帰。

自ら手掛けた「から揚げの天才」や「かみむら牧場」のヒットが注目され、2021年には岩手県陸前高田市に農業テーマパーク「ワタミオーガニックランド」の開業を控える。

本書の著者印税は、「公益財団法人School Aid Japan」に寄付致します。

コロナの明日へ

～逆境の経営論 全国の社長に50のエール～

2020年（令和2年）9月4日　第1刷発行
2020年（令和2年）10月2日　第2刷発行

著　者　渡邉美樹

発行者　青木仁志

発行所　アチーブメント株式会社
〒135-0063
東京都江東区有明3-7-18 有明セントラルタワー 19F
TEL 03-6858-0311㈹／FAX 03-6858-3781
http://www.achievement.co.jp

発売所　アチーブメント出版株式会社
〒141-0031
東京都品川区西五反田2-19-2 荒久ビル4F
TEL 03-5719-5503／FAX 03-5719-5513
http://www.achibook.co.jp
〔twitter〕@achibook
〔Instagram〕achievementpublishing
〔facebook〕https://www.facebook.com/achibook

装丁　鈴木大輔・江﨑輝海（ソウルデザイン）
本文デザイン　次葉
カバー写真　藤谷勝志
編集協力　山口慎治
企画協力　宮島伸浩
校正　株式会社ぷれす
印刷・製本　株式会社光邦

ISBN 978-4-86643-086-7

警鐘

渡邉美樹 著

「このままでは、日本はつぶれる」
ワタミ創業者の渡邉美樹は、議員生活を終えた今、こう語る。
中小企業経営と大企業経営、経営者と政治家、右肩上がりの経営と経営危機からの復活。
自身の経験から財政危機の日本で、中小企業経営者に送る警鐘とエール!

ISBN:978-4-86643-060-7
四六判・並製本・280頁　本体1300円+税